Der Geschmackswert einer Kalorie muss
immer größer sein als der Brennwert.

GENIESSEN ERLAUBT

# SOUL FOOD

Knödel machen glücklich!

Bibliografische Information der Deutschen Nationalbibliothek
Die Deutsche Nationalbibliothek verzeichnet diese Publikation in der Deutschen Nationalbibliografie; detaillierte bibliografische Daten sind im Internet über http://dnb.dnb.de abrufbar.
ISBN 978-3-95587-801-6

Für uns, die Battenberg Gietl Verlag GmbH mit all ihren Imprint-Verlagen, ist Nachhaltigkeit ein wichtiger Teil unserer Unternehmensphilosophie. Daher achten wir bei allen unseren Produkten auf den Einsatz umwelt schonender Ressourcen und Materialien.
Dieses Buch wurde auf FSC®-zertifiziertem Papier gedruckt. FSC (Forest Stewardship Council®) ist eine nicht staatliche, gemeinnützige Organisation, die sich für die verantwortungsvolle und ökologische Nutzung der Wälder unserer Erde einsetzt.

Unsere Partnerdruckerei kann zudem für den gesamten Herstellungsprozess nachfolgende Zertifikate vorweisen:
– Zertifizierung für FOGRA PSO
– Zertifizierungssystem FSC®
– Leitlinien zur klimaneutralen Produktion (Carbon Footprint)
– Zertifizierung EcoVadis (die Methodik besteht aus 21 Kriterien in den Bereichen Umwelt, Einhaltung menschlicher Rechte und Ethik)
– Zertifikat zum Energieverbrauch aus 100% erneuerbaren Quellen
– Teilnahme am Projekt „Grünes Unternehmen" zum Schutz von Naturressourcen und der menschlichen Gesundheit

2. Auflage 2022

ISBN 978-3-95587-801-6

www.battenberg-gietl.de

**Rezepte und Texte: Hans Bauer und Sandra Leitner**
**Cover- und Buchgestaltung: Hans Bauer**
**Illustrationen: Hans Bauer**
**Fotografie: Hans Bauer**

HANS BAUER I SANDRA LEITNER

HERZHAFT & SÜSS

# KNÖDEL LUST

So schmeckt Glückseligkeit

SüdOst Verlag

Diese Knödel sind Seelenschmeichler,
Herzerwärmer, Gaumenfreude
und Glücklichmacher.
Rund und köstlich –
Soulfood, wie es sein soll,
für Menschen gemacht,
die gerne genießen – guten Appetit.

**Sandra Leitner & Hans Bauer**

HERZHAFT & SÜSS

# KNÖDEL WEGWEISER

## Die Klassiker

## Die Innovativen

## Das richtige Knödelbrot

Knödelbrot kann man beim Bäcker oder im Supermarkt kaufen. Natürlich lässt sich Knödelbrot auch selbst herstellen. Es ist ganz einfach. Man lässt Semmeln, Baguette, Graubrot oder andere Brotsorten ein bis zwei Tage unverpackt an der Luft trocknen und schon hat man Knödelbrot. Will man es nicht sofort verwenden, schneidet man das angetrocknete Brot in kleine Würfel und gefriert es bis zur weiteren Verwendung ein. Knödel sind in ihrer urspünglichsten Form eine Art der Reste-Verwertung. Für süße Knödel eignen sich neben dem klassischen Knödelbrot auch noch Milchbrötchen, Brioche, Hefezöpfe, Biskuit und andere süße Backwaren.

## Schöne Knödel

Knödel formt man mit den Händen zu möglichst gleichmäßigen und glatten Kugeln, das nennt man „abdrehen". Damit Knödel eine schönere, glattere Oberfläche bekommen, arbeitet man bei Teigen, die Semmeln, Grieß, Leber oder Semmelbrösel enthalten, mit leicht angefeuchteten Händen. Bei Knödeln, die Stärke enthalten, wie zum Beispiel bei Mehl-, Kartoffel- und Brandteigen, helfen leicht bemehlte Hände. Das Mehl verhindert, dass der Teig an den Händen klebt. Die Oberfläche der Knödel werden mit der Methode glatter und halten beim Garen besser zusammen.

## So bekommen die Knödel die richtige Konsistenz – gehen Sie einfach auf Nummer sicher

Der Knödelteig darf nicht zu weich sein, sonst zerfällt er beim Garen. Er sollte aber auch nicht zu fest werden, sonst ist es kein guter Knödel. Es kommt auf die richtige Konsistenz des Teiges an. Wie kann man die richtige Konsistenz erreichen? Ganz einfach – durch

Ausprobieren! Falls Sie sich anfangs unsicher sind, machen Sie von Ihrem Teig einen Probeknödel und garen Sie ihn im Knödelwasser. Dazu reichlich Salz- oder Zuckerwasser einmal aufkochen lassen und sofort die Temperatur reduzieren. Das Knödelwasser darf NIE sprudeln, wenn Sie die Knödel ins Wasser geben. Knödel werden grundsätzlich unterhalb des Siedepunktes gegart. Je nach Größe braucht ein Knödel ca. 15 bis 20 Minuten, bis er fertig gegart ist. Sie erkennen es daran, dass Ihr Knödel an die Wasseroberfläche steigt und sich zu drehen beginnt. Dann ist er fertig und Sie können ihn aus dem Wasser nehmen.

**Der Knödel ist beim Garen im Wasser zerfallen – was tun?**

Ihr Teig hatte zu wenig Bindung. Sie können unter Ihren Knödelteig zusätzlich Semmelbrösel mischen, das hilft fast immer. Mehl, Grieß oder Speisestärke könnten Sie auch verwenden, um eine bessere Bindung zu erreichen.

**Der Knödel ist zu fest geworden – er sollte lockerer sein!**

Ihr Teig hat zu viel Bindung und ist zu streng. Sie können den Teig wieder lockerer machen mit Milch, Sahne, Quark, Sauerrahm, flüssiger Butter oder mit einem Ei. Am besten nehmen Sie eine Zutat, die schon im Teig vorhanden ist.

**Die Konsistenz passt, aber der Knödel schmeckt nicht mehr so gut.**

Den Probeknödel sollte man nicht nur auf seine Konsistenz prüfen – man muss ihn auch probieren. Durch das Garen im Wasser kann der Knödel auslaugen, sofern das Knödelwasser nicht richtig gewürzt ist. Am besten, Sie schmecken Ihr Knödelwasser und Ihre Knödel nochmals ab und garen einen zweiten Probeknödel.

**Gefüllte Knödel lösen sich beim Garen auf.**

Sobald man einen Knödel mit einer weicheren Masse füllt und die Füllung etwa die Hälfte der gesamten Knödelmasse ausmacht, sollte man den Knödelteig etwas strenger machen – er muss ja den Knödel in Form halten! Das ist schon die halbe Miete, um das Auseinanderfallen eines Knödels zu verhindern.
Ein weiteres Problem kann darin liegen, dass der Knödel nicht richtig verschlossen war. Es dürfen keine kleinen Öffnungen und vor allem keine Füllung zu sehen sein, auch nicht an der Nahtstelle, wo Sie die Knödel verschlossen haben. Hier kann und wird Wasser eindringen. Das kann dazu führen, dass sich der Knödel im Wasser auflöst. Sobald der Knödel gut verschlossen ist und die Konsistenz passt, beibt der Knödel in Form und löst sich nicht auf. Problem gelöst.

## Knödelteige brauchen Ruhezeit

Knödelteige, die mit Grieß, Knödelbrot oder Semmelbröseln hergestellt worden sind, brauchen eine Ruhezeit, damit sie quellen können. Stellen Sie Ihre Teige für mindestens eine Stunde in den Kühlschrank. Sie können sie auch über Nacht (abgedeckt) im Kühlschrank lassen. Je länger der Teig im Kühlschrank bleibt, umso fester wird er. Geben Sie Ihrem Teig diese Zeit und prüfen Sie dann die Konsistenz. Falls Ihnen der Teig zu weich erscheint, ist jetzt der richtige Zeitpunkt, um zum Beispiel mit Semmelbröseln die Konsistenz zu erhöhen. Wenn Sie die Semmelbrösel gleich anfangs unter den Teig geben, kann es Ihnen passieren, dass der Teig nach der Ruhezeit zu fest ist.

## Knödelfüllungen clever vorbereiten und zu Knödeln formen

Knödelfüllungen, die von ihrer Konsistenz her weich sind, sollte man vor dem Weiterverarbeiten einfrieren. Um eine besonders schöne Form zu erreichen, empfehlen sich Silikonhalbkugelformen. Wir verwenden Formen mit drei oder vier Zentimetern Durchmesser. Natürlich kann man auch größere verwenden, je nachdem, wie groß man die Füllung haben möchte. Die Halbkugelformen werden befüllt, eingefroren, herausgenommen und jeweils zwei Halbkugeln aufeinander gesetzt, fertig. Diese Kugeln legt man auf die flach gedrückte Knödelmasse und verschließt die Knödel. Dabei wird der Teig um die Kugel geschlagen und etwas nach oben gezogen und gut verschlossen und nochmals abgedreht, damit die Knödel eine schöne, runde und gleichmäßige Form haben. Während des Garvorgangs taut die Füllung im heißen Wasser oder Dampf auf und ist beim Servieren flüssig.

## Knödel einfrieren

Sowohl rohe als auch gekochte Knödel kann man problemlos einfrieren. Achten Sie darauf, dass sich die Knödel während des Einfrierens nicht berühren, sonst frieren sie aneinander. Versäumen Sie auch nicht, etwas Mehl oder Semmelbrösel auf einen Teller oder ein Backblech zu streuen, bevor Sie die Knödel darauf setzen, denn auch am Boden können sie anfrieren. Sobald die Knödel durchgefroren sind, kann man sie bedenkenlos in eine Gefriertüte geben und fest verschließen oder vakuumieren. Man kann die Knödel dann direkt aus der Tüte ins heiße Knödelwasser geben und garen. Dort brauchen sie je nach Größe ca. 25 Minuten, bis sie durchgegart sind. Wenn sie im Wasser nach oben steigen, sind sie fertig.

## Knödel richtig im Wasser garen – warum das Knödelwasser eine besondere Rolle spielt

Um zu verstehen, wo der Mehrwert von gutem Knödelwasser liegt, muss man über Osmose sprechen. Dieser chemische Prozess ist fast an jedem Kochvorgang beteiligt. Einfach ausgedrückt gleicht Osmose Konzentrationsunterschiede in Flüssigkeiten aus. Was bedeutet das? Sie geben zum Beispiel Ihre gut gewürzten Knödel in ungewürztes Wasser und kochen sie darin. Was passiert? Während des Kochvorgangs will Mutter Natur einen Ausgleich zwischen dem würzigen Knödel und dem Wasser herstellen. Der Knödel verliert an Würze und Geschmack. Im Gegenzug schmeckt das Wasser gewürzt und nach Knödel. Das war es dann mit der Knödelherrlichkeit!

Deshalb ist es zwingend notwendig, die Garflüssigkeit zu würzen. In der Regel gart man herzhafte Knödel in gesalzenem Wasser. Dabei sollte das Wasser etwa wie Meerwasser schmecken. Süße Knödel gart man in gesalzenem Zuckerwasser. Dabei sollte das Wasser richtig süß schmecken. Dazu kommt Salz, allerdings nur eine gute Prise. Das Salz macht das Zuckerwasser würzig und verstärkt den Knödelgeschmack. So kann man der Osmose entgegenwirken.

Es geht aber noch besser: Natürlich kann man zum Beispiel die Rote-Bete-Knödel klassisch in Salzwasser kochen. Dabei werden die Knödel grau und verlieren rundum ihre wunderbare rote Farbe. Das Wasser färbt sich rot. Ganz anders verhält es sich, wenn man die Knödel in reinem Rote-Bete-Saft oder in Rote-Bete-Saft, gemischt mit Salzwasser, gart. Wenn man jetzt noch Kümmel und Lorbeer hinzugibt, bleiben die Knödel nicht nur leuchtend rot – sie schmecken auch noch besser.

Leberknödel schmecken zum Beispiel gleich viel besser, wenn sie in einer Rindssuppe gegart werden. Das gilt zum Beispiel auch für Birnenknödel, wenn man sie in Birnensaft oder einem Birnensaft-Wassergemisch gart. Noch besser werden sie, wenn man zusätzlich eine Zimtstange, etwas Rum und Zucker ins Knödelwasser gibt. Dieses Prinzip gilt im Grunde für viele Knödelarten. Seien Sie kreativ und mutig. Probieren Sie aus, wonach Ihnen ist. Letztendlich zählt immer der bessere Geschmack.

## Knödel im Dampf garen

Eine sanfte Form, um Knödel zu garen, ist Dämpfen bei 85 bis 100 Grad. Wenn Sie einen Dampfgarer zu Hause haben, ist er die beste Wahl. Ebenso kann man die Knödel auch in einem Topf mit Dampfgareinsatz zubereiten. Diesen gibt es für wenig Geld im Fachhandel. Dabei sollten Sie darauf achten, dass der Knödel nicht direkt mit dem Wasser im Topf in Berührung kommt, sondern nur mit dem Wasserdampf. Genauso gut können Sie Ihre Knödel im Backofen zubereiten. Dazu stellen Sie eine hitzebeständige Schüssel mit kochendem Wasser dazu (das Wasser vorher in einem Topf aufkochen und dann in die Schüssel geben). Die Garzeit ist in etwa gleich lang wie im Wasser. Vorteile des Garens im Dampf sind zwei Aspekte: Erstens schmecken die Knödel intensiver und zweitens können auch Teige verarbeitet werden, die etwas weicher sind. Einfach mal ausprobieren.

## Knödel im Backofen garen

Die Knödel werden in eine gefettete Auflaufform gesetzt, mit Alufolie abgedeckt und ca. 15–20 Minuten gebacken. Sie werden bei dieser Methode etwas trockener.

## Knödel frittieren

Besonders lecker können frittierte Knödel schmecken. Wichtig ist dabei, dass die Frittieröl-Temperatur nicht zu hoch ist, denn die Knödel müssen durchgaren und dabei trotzdem eine schöne Farbe bekommen. Also die Knödel nicht zu groß machen. Besonders lecker werden die Knödel, wenn sie vor dem Frittieren in Semmelbrösel gewälzt werden. Ebenso kann man die Knödel panieren. Dazu werden die Knödel in verschlagenes Ei getaucht, in Semmelbrösel gewälzt und in Öl frittiert. Besonders knusprig werden die Knödel, wenn man sie statt in Semmelbröseln in Pankomehl wälzt. Pankomehl ist ein japanisches Paniermehl und in größeren Supermärkten oder im Asiashop erhältlich.

## Serviettenknödel

Ein klassischer Serviettenknödel wird in ein Tuch eingerollt und gegart. Statt in einem Tuch wird unser Teig zuerst in eine Frischhaltefolie und dann zusätzlich in eine Alufolie gewickelt, deren Enden fest verdreht werden. Die Rolle kommt für ca. 30 bis 40 Minuten in siedendes Wasser. Die Alufolie kann sich dabei dunkelgrau verfärben, wenn sie in Kontakt mit dem Metall des Topfes kommt. Das hat keine Auswirkungen auf Qualität und Geschmack. Sobald die Rolle gegart ist, nimmt man sie aus dem Wasser und entfernt die Folien. Jetzt schneidet man die Rolle in Scheiben und kann sie servieren. Oft brät man die Knödelscheiben in etwas Butter und serviert sie angebraten.

## Gute Grundprodukte sind das A und O

Man kann es nicht oft genug sagen – sobald man auf gute Grundprodukte setzt, ist gutes Kochen viel einfacher. „Dann kann man würzen, muss es aber nicht", da guter Geschmack schon vorhanden ist und nicht durch Gewürze ergänzt werden muss. Wir bevorzugen Bioprodukte, wenn möglich aus der Region, und natürlich verarbeiten wir die Produkte dann, wenn sie Saison haben. Dabei auf reife, aromatische Produkte achten.

## Gute Gewürze und Würzpasten in bester Qualität

Jetzt machen wir etwas unbezahlte Werbung für unsere Lieblingsgewürze. Empfehlen kann man hier die Gewürze vom ehemaligen Sternekoch Ingo Holland, Altes Gewürzamt. Sie stehen in nahezu jeder professionellen Gastroküche mit Anspruch. In dem Zusammenhang muss man auch die neuen „Aktivatoren" und Würzpasten von Sternekoch Stefan Marquard erwähnen. Er ist der geniale Erfinder des „Aktivierens" von Lebensmitteln. Wir kennen keine bessere Methode, um ein Maximum an Geschmack aus Gemüse, Fleisch und Fisch herauszuholen. Unbedingt empfehlenswert. Dann, last but not least, die Gewürze von Spiceworld aus Österreich, die mit dem ehemaligen Sternekoch Roland Trettl kooperieren. Alle zusammen bieten natürlich ihre Produkte in ihren Onlineshops an. Einfach googeln.

## Kleine Tricks, die das „Knödeln" erleichtern

Knödel sind im Grunde einfach herzustellen. Aber gelegentlich geben sie sich zickig, ja sogar divenhaft. Hier ein paar Kniffe, die das „Knödeln" erleichtern und zu besseren Ergebnissen führen:

- Semmelknödel werden durch die Zugabe von Backpulver oder Mineralwasser lockerer. Bei Wasserzugabe auf die Konsistenz achten.
- Für Teige, die besonders locker und elastisch sein sollen, kann man statt normalem Mehl doppelgriffiges Mehl (Wiener Grießler) verwenden. Es ist besonders quellfähig.
- Wenn Sie vorhaben, eine Fleisch- oder Fischfüllung in die Knödel zu geben oder zu Knödeln verarbeiten wollen, mischen Sie etwas Milch oder Sahne unter das Knödelbrot und

geben Sie es zur Fleischmasse. So wird Fleisch im gekochten Zustand weicher. Diese Knödel nie in kochend sprudelndem Wasser garen, unabhängig davon, ob sie gefüllt sind oder nicht, immer unterhalb des Siedepunkts, so halten sie nicht nur besser zusammen – auch das in der Füllung enthaltene Eiweiß lässt die Fleischmasse-Füllung bei niedrigeren Temperaturen nicht so schnell zäh werden.

- Kartoffelknödel halten besser zusammen, wenn man sie vorher in etwas glattem Mehl wälzt. Keine Sorge, das wäscht sich beim Kochen wieder ab. Sie können auch Mehl oder Stärke in die Handflächen geben und die Knödel abdrehen. Die Stärke bewirkt, dass die Knödel einen schönen Glanz bekommen.
- Man kann Mehl oder Stärke auch ins Knödelwasser geben. Das trägt ebenfalls dazu bei, dass die Knödel besser zusammenhalten. Rühren Sie dazu Mehl oder Stärke mit etwas kaltem Wasser an und geben Sie es in das Kochwasser.
- Kartoffelknödel gelingen besser, wenn man mehlig-kochende Kartoffeln verwendet, die viel Stärke enthalten. Wenn möglich keine Kartoffeln nehmen, die schon lange gelagert wurden, da sie während der Lagerung Stärke abbauen.
- Wenn im Kartoffelteig rohe, geriebene Kartoffeln enthalten sind, sollte man den Teig bald verarbeiten, da der Teig Feuchtigkeit zieht und mit der Zeit weicher wird und dann eher beim Garen zerfällt.
- Bei Obstknödeln, wie z. B. Marillen- oder Zwetschgenknödeln wird die Füllung besser, wenn man zum obligatiorischen Würfelzucker noch etwas Alkohol hinzugibt (nichts für Kinder). Also einfach den Würfelzucker z. B. in etwas Marillenlikör oder -brand tauchen. Man kann zusätzlich noch etwas Nougat oder Marzipan dazugeben. Auch Schokolade oder Marzipan, mit etwas Likör vermischt und entsprechend gesüßt, kann man für die Füllung der Früchte verwenden. Wer mag, kann auch noch passende Kräuter darunter mischen, wie zum Beispiel Rosmarin. Das macht die Füllung noch raffinierter. Seien Sie kreativ!
- Wenn man Quark verwendet, sollte dieser möglichst trocken sein. Man kann ihn klassischerweise in einem Tuch oder Sieb über Nacht abtropfen lassen. Wenn es schneller gehen soll, empfiehlt sich ein feiner Nussmilchbeutel mit mikrofeinem Netz (nach „Seihtuch" im Internet suchen). Man gibt den Quark in diesen Beutel und drückt ihn aus. Das Säckchen ist waschbar und wiederverwendbar.
- Man kann für einen Knödel auch mehrere Sorten Brot verwenden. Zum Beispiel macht man die Knödelhauptmasse aus Weißbrot. Dann nimmt man Brotwürfel aus Grau- oder Schwarzbrot und röstet sie mit etwas Butter in einer Pfanne und gibt diese kurz vor dem Fertigstellen der Knödel in die Knödelmasse. So bekommt man einen Crisp-Effekt in die Knödel und sie schmecken auch noch besser.

## Serviettenknödel – Schritt für Schritt zum Genuss

Eine Methode, Serviettenknödel herzustellen, ist das Garen in Folie. Dabei nutzt man die Hitze des Kochwassers, ohne dass der Knödel mit dem Wasser in Berührung kommt.

**Schritt 1:** Der Teig wird vorbereitet

**Schritt 2:** Eine Frischhaltefolie wird ausgerollt. Der Teig wird darauf länglich geformt.

**Schritt 3:** Die Folie wird über den Teig gezogen.

**Schritt 4:** Der Teig wird zu einer Rolle geformt.

**Schritt 5:** Die Enden werden fest zusammengedreht

**Schritt 6:** Ein entsprechend großes Stück Alufolie kommt unter die Rolle.

**Schritt 7:** Auch die Alufolie wird locker zusammengerollt.

**Schritt 8:** Die Enden werden wiederum fest und wasserundurchlässig verschlossen.

**Schritt 9:** Die Knödelrolle kommt in siedendes Wasser und bleibt dort für ca. 30–45 Minuten.

**Schritt 10:** Nach dem Garen werden die Alufolie und die Frischhaltefolie entfernt.

**Schritt 11:** Die Knödelrolle wird in ca. zwei Zentimeter breite Scheiben geschnitten.

**Schritt 12:** Entweder werden die Scheiben direkt serviert oder erst in etwas Butter angebraten.

KNÖDEL
LUST
›herzhaft‹
Los geht's...

# Petersilienknödel in einem Meerrettichsüppchen

Petersilienwurzeln und Blattpetersilie bilden das aromatische Herz dieser Knödel. Meerrettich in Form einer kleinen Suppe ist dazu ein wunderbarer Begleiter. Wer es etwas aufwendiger mag, gibt in Butter gebratene, dünne Brotscheiben mit Meerrettichsahne, gebeizten Lachs und Apfelstückchen dazu. Etwas Petersilienöl rundet das Gericht ab. Eine wunderbare Vorspeise – das ist Knödellust pur!

## Sie brauchen dazu:

### Petersilienknödel:

350 g Petersilienwurzeln
15 g Zucker
10 g Salz
150 ml Wasser
130 g Blattpetersilie
60 g Ricotta
40 g Parmesan, gerieben
1 Ei
1 Spritzer Zitronensaft
100–120 g Semmelbrösel

### Meerrettichsuppe:

30 g Butter
1 EL Mehl
400 ml Milch
250 ml Rindssuppe
1 ½ EL Zitronensaft
Salz nach Geschmack
2 ½ EL Sahnemeerrettich
Salz, Pfeffer, Zucker

**Petersilienöl:**

50 g Petersilie
200 ml Traubenkernöl
Salz

### Beilage:

Brotstreifen, in Butter gebraten
Sahnemeerrettich
gebeizter Lachs
Apfelscheiben, etwas Dill

**Petersilienknödel:** Geschälte Petersilienwurzeln in Würfel schneiden. In einen Topf füllen, mit Salz und Zucker vermischen. Circa 10 Minuten ziehen lassen, bis sich Flüssigkeit bildet. Wasser dazugeben, einen Deckel auf den Topf setzen und einmal kurz aufkochen. Hitze reduzieren und ca. 5–10 Minuten köcheln, bis die Petersilienwurzeln gar sind. Die Petersilienwurzeln, Blattpetersilie inkl. Stängel in einem Mixer fein pürieren und abkühlen lassen. Zusammen mit den restlichen Zutaten zu einem homogenen Teig verarbeiten. Den Teig mindestens 1 Stunde kühl stellen. Von der Masse Teig abstechen und Knödel daraus formen. In Salzwasser gar ziehen lassen.

**Suppe:** Die Butter in einem Topf aufschäumen, Mehl hineingeben und für ein paar Minuten unter ständigem Rühren leicht rösten. Mit Milch und Rindssuppe aufgießen und mindestens 10 Minuten bei kleiner Hitze köcheln lassen. So verflüchtigt sich der Mehlgeschmack. Mit Salz, Pfeffer, Zucker und Zitronensaft würzen. Ganz zum Schluss den Sahnemeerrettich unterrühren.

**Petersilienöl:** Die Petersilie mit etwas Salz und Öl in einen Mixer geben, fein pürieren, kurz auf ca. 85 Grad erhitzen und durch ein Sieb streichen. Petersilienöl abseihen und zur Suppe geben.

**Anrichten:**
Suppe aufschäumen und in einen Teller füllen. Knödel hineinlegen und mit Petersilienöl umträufeln. Die in Butter gebratenen Brotstreifen mit den restlichen Zutaten anrichten.

# Kalter Schafskäseknödel in einem geeisten Gurken-Melonensüppchen

Grundsätzlich werden Knödel gekocht, gedämpft, frittiert oder gebacken. Diese Schafskäseknödel bleiben wie sie sind – roh. Kann man „rohe" Knödel essen und schmecken die auch? Ja, sie sind sogar richtig lecker! Die Bindung erhalten die Schafskäseknödel durch die Feuchtigkeit der kleingeschnittenen Tomaten, der Paprika, des Olivenöls und natürlich durch den Schafskäse. So entsteht ein fluffiger, feinwürziger Knödel, der geschmacklich in wunderbarem Kontrast zur kalten Gurkensuppe steht. Dieses Süppchen wird mit Honigmelone verfeinert, die für eine gewisse Süße sorgt und als Gegenspieler des Schafskäses dient.
Sushi-Ingwer (Gari), Dill und Koriander runden das Süppchen ab. Es passt ganz wunderbar zu einem heißen Sommertag und kühlt von innen.

## Sie brauchen dazu:

### Schafskäseknödel:

200 g Schafskäse
100 g Semmeln vom Vortag oder von vor zwei Tagen
120 g feine Tomatenwürfel
60 g rote Paprikawürfel
60 g grüne Paprikawürfel
60 g gelbe Paprikawürfel
2 EL Olivenöl
Salz, Pfeffer, Zucker
Piment d'Espelette
(Zutaten für ca. 7 Knödel)

### Gurken-Melonensuppe:

400 g Gartengurken
250 g Joghurt
1 EL Essig
250–300 g Honigmelone (je nach Süße)
40 g Sushi-Ingwer aus dem Glas (Gari)
20 g Korinader inkl. Stängel
20 g Dill inkl. Stängel
Salz, Pfeffer, Zucker, etwas Chili

### Zusätzlich:

Leindotteröl oder Olivenöl, Joghurt

**Schafskäseknödel:** Schafskäse und Semmeln klein schneiden und zusammen in eine Schüssel füllen. Restliche Zutaten ebenfalls dazugeben und vermischen. Mit Salz, Pfeffer, Zucker und Piment d'Espelette würzig abschmecken. Die Knödelmasse gut durchkneten und 1 Stunde im Kühlschrank ziehen lassen. Etwas Teig abstechen und zu Knödeln formen. Die Knödel werden nicht gekocht und kommen gekühlt in die kalte Suppe.

**Gurken-Melonensuppe:** Alles zusammen in einem Mixer fein pürieren. Mit Salz, Pfeffer, Zucker und Chili würzig abschmecken. Die Suppe kalt stellen.

**Anrichten:**
Etwas Suppe in einen Teller füllen und Knödel in die Mitte setzen. Mit Joghurt und Leindotteröl garnieren. Leindotteröl gehört zu unseren Lieblingsölen und hat einen wunderbaren Geschmack. Das Öl passt zum Beispiel auch hervorragend zu Salaten und kann anstelle von Olivenöl verwendet werden.

# Geröstete Haselnussknödel in einer Kohlrabi-Kokossuppe mit Preiselbeeren und Thymian

Geröstete Haselnussknödel, Kohlrabi und Kokosaromen ergänzen sich ganz wunderbar – ein wirklich feines Gericht für Genießer! Dieses Süppchen wird aus zwei Ansätzen zubereitet. Zuerst nimmt man die gut gewaschenen Schalen des Kohlrabis und einige andere Zutaten und kocht diese für 30–45 Minuten. Diesen Fond nutzt man, um die eigentlichen Kohlrabistücke zusammen mit der Kokosmilch darin zu kochen. So erhält man ein intensiveres Aroma. Verfeinert mit Thymian, Preiselbeeren und Orangensaft wird daraus ein Suppen-Highlight, das nicht nur Knödelliebhaber entzücken wird. Eine leckere Vorspeise, mit größeren Knödeln auch als Hauptgang geeignet. Unbedingt einmal ausprobieren, es lohnt sich.

## Sie brauchen dazu:

### Haselnussknödel:

200 g Haselnüsse
1 Ei
100 g Quark
100 g Knödelbrot
30 g Parmesan
½ Limette, Abrieb
1 Prise Zucker
Salz
Pfeffer
Wildpreiselbeermarmelade
2 EL gehackten Thymian
(Zutaten für ca. 6 Knödel)

### Haselnusspanade:

ca. 100–150 g fein gehackte, geschälte Haselnüsse
Eine Prise Salz

**Haselnussknödel:** Die ganzen Haselnüsse in einer Pfanne ohne Fett ca. 15 Minuten langsam rösten, bis sich die Schalen von den Haselnüssen zu lösen beginnen. Die Haselnüsse aus der Pfanne nehmen und auf ein feuchtes Tuch legen. Das Tuch so zusammenfalten, dass keine Haselnüsse herausfallen können. Jetzt die Haselnüsse aneinander reiben, bis sich die Schalen lösen. Die Haselnüsse in einen Mixer geben und fein pürieren. Das Haselnussmehl, Knödelbrot, Ei, Quark, fein geriebenen Parmesan, Limettenabrieb, Zucker, Salz, Pfeffer und Thymian zu einem homogenen Teig verarbeiten. Die Masse für mindestens 1 Stunde kühl stellen. Von der Masse Teig abstechen und Knödel formen, dabei in die Mitte jeweils etwas von der Wildpreiselbeermarmelade geben. Knödel fest darum verschließen. Die Knödel in gesalzenem Wasser ca. 15 Minuten gar ziehen lassen.

**Haselnusspanade**: Haselnüsse in einer Pfanne hellbraun rösten. Mit einer Prise Salz würzen. Die fertigen Knödel darin wälzen.

## Kohlrabi-Kokossuppe:

**Kohlrabifond:**
ca. 200 g geputzte & gewaschene Kohlrabischalen und Abschnitte
900 ml Wasser
50 g Pastinaken
50 g Lauch, das Grüne
50 g Egerlinge
50 g Karotten
100 g Knollensellerie
50 g Zwiebeln
100 g Serranoschinken

**Kohlrabi-Kokossuppe:**
500 g Kohlrabi, geschält
10 g Zucker
1 TL Salz
½ Orange, Saft
25 g Butter
350 ml Kokosmilch
Salz
Pfeffer
Muskat

## Lauchöl:

50 g Lauch, das Grüne
200 ml Sonnenblumenöl
1 Prise Salz

**Kohlrabifond:** Alle Zutaten klein schneiden und mit dem Wasser in einem Topf ohne Deckel ca. 45 Minuten köcheln lassen. Den Kohlrabifond durch ein Sieb gießen und in einem Topf auffangen. Man braucht etwa 500 ml Flüssigkeit. Falls es deutlich mehr ist, etwas einkochen.

**Kohlrabi-Kokossuppe**: Den Kohlrabi klein schneiden, in einem Topf mit 10 g Zucker und 1 TL Salz vermischen und ca. 10 Minuten stehen lassen, bis sich Flüssigkeit bildet. Mit dem Kohlrabifond aufgießen. Orangensaft, Butter und Kokosmilch dazugeben. Alles zusammen ebenfalls ca. 45 Minuten bei geschlossenem Topfdeckel leicht köcheln lassen. Die Suppe durch ein Sieb gießen und auffangen. 75 g der gekochten Kohlrabiwürfel mit der Suppe fein pürieren. Das sorgt für eine sämige Konsistenz der Suppe. Mit Muskat, Salz und Pfeffer würzen.

**Lauchöl:** Den gewaschenen Lauch klein schneiden und in einen Topf füllen. Öl und Salz dazugeben und kurz auf ca. 85 Grad erhitzen. Mit einem Pürierstab oder einem Mixer fein pürieren. Öl durch ein feines Sieb abgießen.

**Anrichten:**
Die Suppe aufschäumen, in einen Teller gießen, Knödel dazulegen, mit Lauchöl anrichten und mit etwas Muskat würzen.

# Bayerische Reiberknödel

**Reiberknödel:**
600 g Kartoffeln, mehlig
1.600 g Kartoffeln, mehlig, geschält
2 Eigelb
1 EL Stärke
1 EL Mehl
Stärke aus Kartoffeln
Salz, Pfeffer, Muskat
(Zutaten für ca. 8–10 Knödel)

**Reiberknödel:** 600 g Kartoffeln in Salzwasser kochen. 1.600 g geschälte Kartoffeln reiben oder pürieren. Die Kartoffelmasse so gut wie möglich ausdrücken, die Masse sollte ziemlich fest sein. Das Kartoffelwasser dabei auffangen und stehen lassen, damit sich die Stärke am Boden absetzen kann. Die gekochten Kartoffeln schälen, etwas auskühlen lassen und durch die Kartoffelpresse drücken. Durchgedrückte und ausgedrückte Kartoffeln miteinander vermischen. Eigelbe unterrühren, Stärke und Mehl ebenfalls unterheben. Das Kartoffelwasser abschütten und die Stärke, die sich am Boden abgesetzt hat, ebenfalls zum Kartoffelteig geben und damit vermengen. Mit Salz, Pfeffer und Muskat abschmecken. Den Teig 15 Minuten ruhen lassen, dann abstechen und Knödel formen. Knödelwasser auf dem Herd aufkochen lassen und gut salzen. Die Temperatur reduzieren und einen Probeknödel ins Wasser geben. Der Knödelteig ist relativ weich und wird beim Ziehen im Wasser fest. Falls die Konsistenz trotzdem zu weich sein sollte, Semmelbrösel oder Mehl unter den Teig mischen. Die Knödel je nach Größe im Knödelwasser 15–20 Minuten gar ziehen lassen. Eine klassische Beilage zu Schweinebraten.

# Basilikum-Ricotta-Knödel mit Tomatenmus und gerösteten Pinienkernen

Hier kommt zusammen, was zusammengehört: Basilikum, Tomaten, Pinienkerne und ein fruchtiges Olivenöl. Der Basilikumknödel wird wunderbar umschmeichelt von einem leichten Tomatenmus und einer weißen Tomatensoße oder -suppe. So oder so serviert: unbedingt mal ausprobieren, wenn man Tomaten mag. Genau genommen hat man hier gleich doppelte Knödelliebe auf dem Teller. Wie auch immer, beides schmeckt vorzüglich. Guten Appetit.

## Sie brauchen dazu:

### Basilikum-Ricotta-Knödel:

40 g Basilikum
250 g Ricotta
1 TL Zucker
60 g Parmesan, gerieben
75 g Mehl
1 Eigelb
60 g Semmelbrösel
Salz
Pfeffer
(Zutaten für ca. 5–6 Knödel)

### Weiße Tomatensoße oder Tomatensuppe:

1 kg Tomaten
4 EL Olivenöl
1 Knoblauchzehe
150 g Schmand
100 ml Sahne
Salz
Pfeffer
Zucker
Gin

### Zusätzlich:

Pinienkerne
Basilikum, Olivenöl

**Knödel:** Basilikum und Ricotta in einem Mixer pürieren. Zusammen mit den anderen Zutaten zu einem Knödelteig verarbeiten. Mit Salz und Pfeffer abschmecken. Teig für mindestens 1 Stunde kalt stellen. Knödelteig abstechen und zu Knödeln formen. Sollte der Teig zu weich sein, etwas Semmelbrösel unter den Teig rühren, bis er fest genug ist. Probeknödel formen und in Salzwasser ziehen lassen. Sobald er nach oben steigt ist er fertig gegart.

**Tomatensoße oder -suppe:** Tomaten, Olivenöl und Knoblauch in einem Mixer 2 Minuten auf höchster Stufe pürieren. Ein Passier- oder Mulltuch in ein Sieb legen. Püree hineinfüllen. Die Flüssigkeit am besten über Nacht in eine Schüssel abtropfen lassen. Man erhält etwa 600 ml klaren Tomatensaft. Schmand und Sahne unter den Tomatensaft rühren. Mit Salz, Pfeffer, Zucker und Gin abschmecken. Das Tomatenpüree in einen Topf umfüllen, erwärmen, würzen und Nocken davon abstechen.

Die **Pinienkerne** ohne Fett in einer Pfanne anrösten.

**Anrichten:**
Den Knödel auf einen Teller legen und Tomatenpüree anrichten. Mit Pinienkernen bestreuen und mit Tomatensoße nappieren. Mit Basilkumblättern und ein paar Tropfen Olivenöl garnieren. **Alternativ:** Knödel in einen Suppenteller legen, Soße anschütten, Nocken zufügen, mit Pinienkernen und Olivenöl garnieren.

# Bärlauch-Käseknödel mit Estragon-Limettenbutter

Bärlauchknödel sind einfach nur lecker. Zwei Sorten Käse, dazu Kräuter wie Estragon und Petersilie unterstützen das Bärlaucharoma aufs Feinste. Für den Teig nimmt man am besten angetrocknetes Baguette oder Knödelbrot. Die klassische braune Butter zu den Knödeln haben wir etwas aufgepeppt. Estragon, Limette, Salz und etwas Zucker heben sie auf eine andere Ebene – das sagen diejenigen, die diese kulinarischen Wonneproppen schon genossen haben. Und siehe da: Die ersten Knödelliebeserklärungen gab's auch schon :-) Unbedingt mal ausprobieren!

## Sie brauchen dazu:

### Bärlauch-Käseknödel:

30 g Butter
70 g Zwiebeln
100 g Ricotta
80 g Bergkäse, gerieben
80 g Parmesan, gerieben
160 g Knödelbrot oder Baguette
30 g Bärlauch, fein gehackt
30 g Petersilie, fein geschnitten
15 g Estragon, fein geschnitten
1 Ei
½ Limette, Saft und Abrieb
Salz, Pfeffer
(Zutaten für ca. 5–6 Knödel)

### Estragon-Limettenbutter:

100 g Butter
1 Limette, Saft und Abrieb
1 TL Puderzucker
1 gute Prise Salz
25 g Estragon, fein geschnitten

### Zusätzlich:

Parmesanspäne
etwas fein gehackter Estragon
etwas fein gehackter Schnittlauch

**Bärlauch-Käseknödel**: Für die Knödel 30 g Butter in einer Pfanne aufschäumen. Darin die klein geschnittenen Zwiebeln glasig dünsten.
Das Knödelbrot klein schneiden und in einer Pfanne ohne Fett anrösten. Zwiebeln und Knödelbrot in eine Schüssel geben und etwas abkühlen lassen. Restliche Zutaten untermischen und alles zu einem homogenen Teig verarbeiten. Mit Salz und Pfeffer abschmecken. Mindestens 1 Stunde kühl stellen, damit der Teig durchziehen kann. Von der Masse Teig abstechen und zu Knödeln abdrehen. In Salzwasser gar ziehen lassen.

**Estragon-Limettenbutter:** Die Butter in einem Topf erhitzen. Limettensaft und -abrieb, Puderzucker und Salz dazugeben. Die Butter leicht braun werden lassen und den gehackten Estragon unterheben. Den Topf vom Herd nehmen und die Estragon-Limettenbutter etwas ziehen lassen.

**Anrichten:**
Knödel auf einen Teller geben, mit der Estragon-Limettenbutter beträufeln und mit den Parmesanspänen und Kräutern anrichten.

# Spinatknödel mit Kräutern, geschmolzenen Semmelbröseln und Parmesan

Wir haben viele Spinatknödel-Rezepte probiert und wieder verworfen. Die Kombination aus Spinat und den Kräutern Petersilie, Salbei, Oregano und Basilikum in Verbindung mit Ricotta mundete uns von allen Varianten bisher am Besten. Spinat für sich schmeckt immer ein wenig stumpf. Er braucht geschmackliche Unterstützung, damit er richtig zur Geltung kommt. Das leisten die Kräuter und der Limettenabrieb auf ganz wunderbare Weise. Ricotta fungiert als Geschmacksträger, der Parmesan im Teig und die abgeschmolzenen Semmelbrösel geben den Knödeln den letzten Kick. Das ist Knödellust pur – einfach nur genießen!

## Sie brauchen dazu:

### Spinatknödel:

30 g Butter
40 g Zwiebeln
1 große Knoblauchzehe, fein gehackt
300 g frischer Spinat
50 g Petersilie
10 g Salbei
10 g Oregano
10 g Basilikum
150 g Ricotta
1 Ei
80 g Parmesan
100 g Knödelbrot
1 EL Stärke
1 Limette, Abrieb
Salz
Pfeffer
Muskat
(Zutaten für ca. 7 Knödel)

### Bröselschmelze:

150 g Semmelbrösel
150 g Butter
etwas Salz
Parmesanspäne

**Spinatknödel:** Butter in einer Pfanne aufschäumen. Klein geschnittene Zwiebeln und Knoblauch hineingeben und farblos anschwitzen. Spinat sowie die fein gehackten Kräuter unterheben und mitschmoren lassen. Die Masse auf einem Schneidebrett fein schneiden, in eine Schüssel füllen und etwas abkühlen lassen. Mit Ricotta, Ei, Parmesan, klein geschnittenem Knödelbrot, Stärke und dem Abrieb der Limette gut vermengen. Mit Salz, Pfeffer und Muskat würzen. Für mindestens 1 Stunde in den Kühlschrank stellen. Von der Masse Teig abstechen und zu Knödeln formen. In gesalzenem Knödelwasser gar ziehen lassen.

**Bröselschmelze:** Die Butter in einer Pfanne aufschäumen, Semmelbrösel und eine Prise Salz dazugeben. Brösel in der Butter goldgelb rösten. Die Knödel auf einen Teller legen, Bröselbutter darüber streuen und mit Parmesanspänen anrichten.

**Alternativ** können die Spinatknödel auch mit Käse gefüllt werden. Dazu einfach die Knödel mit einem Stück Käse, wie zum Beispiel Bergkäse, Ziegenkäse, Taleggio, Romandur oder einem würzigen Camembert, füllen.

# Curry-Karottenknödel mit gebratenem Romana und Garnelen

Knödel und Garnelen – passt das zusammen? Sehr gut sogar, denn das sind richtige Crossoverknödel! Die Knödelbasis bilden Karotten, Curry, Orange, Kurkuma, etwas Chili und Kreuzkümmel. Der Romanasalat wird in etwas geröstetem Sesamöl gebraten. Zwei Sößchen kommen hinzu. Die eine basiert auf einem Mix aus Sojasoße, Sesamöl und Kürbiskernöl. Die zweite Soße wird angesetzt mit den Garnelenschalen, gemischt mit einer asiatischen Chilisoße und als Krönung kommen Mango- und Rhabarberwürfel hinzu. Crossover eben – wenn Sie diese Kombination probiert haben, erübrigt sich sowieso jede Diskussion, denn das ist Knödellust, die kaum zu steigern ist!

## Sie brauchen dazu:

### Curry-Karottenknödel:

50 g Butter
300 g Karotten
50 g Schalotten
2 TL Madras-Curry
½ TL Kurkuma
eine gute Prise Kreuzkümmel
etwas Piment d'Espelette
1 TL Umamigewürz (Spiceworld)
1 TL Zucker
Salz
100 ml Orangensaft
100 ml Wasser
40 g Kokoscreme
50 g Ricotta
1 Ei
150 g trockenes Toastbrot ohne Rinde
eventuell Semmelbrösel
(Zutaten für ca. 6–7 Knödel)

### Garnelen:

2–3 ungeschälte,
rohe Garnelen pro Person
Salz
Pfeffer
neutrales Öl

**Curry-Karottenknödel:** Die Butter in einer Pfanne aufschäumen lassen. Klein geschnittene Schalotten und Karotten darin dünsten. Die Gewürze zur Butter geben und kurz mitrösten lassen. Orangensaft, Wasser, Zucker, Kokoscreme zufügen und die Flüssigkeit komplett verkochen lassen.
Die Karotten müssten jetzt weich sein. Die Masse in einem Mixer fein pürieren und abkühlen lassen. In einen Topf umfüllen, Ricotta und Ei zur Masse geben und gut durchmischen. Zum Schluss das klein geschnittene Toastbrot unterheben und zu einer homogenen Masse verarbeiten.
Den Teig mindestens 1 Stunde kalt stellen und anziehen lassen. Falls er zu weich erscheint, Semmelbrösel unter den Knödelteig mischen. Von der Masse Teig abstechen und zu Knödeln formen. Das Knödelwasser gut salzen und die Knödel darin gar ziehen lassen.

**Garnelen** bis zum Schwanzstück schälen und am Rücken entlang aufschneiden. Darm entfernen. Garnelen mit Salz und Pfeffer würzen und bei mittlerer Hitze in Öl glasig braten.

## Garnelensoße:

25 g Butter
Garnelenschalen
10 g Lauch, fein geschnitten
1 cm Ingwer, fein geschnitten
1 Knoblauchzehe, fein geschnitten
10 g Karotten, fein geschnitten
2 EL Weißwein
2 EL Noilly Prat
5 Cocktailtomaten, geteilt
1 EL Cognac
1 TL Zucker
etwas Salz
40 g Mangowürfel (ca. 1–2 mm)
40 g Rhabarberwürfel (ca. 1–2 mm)

## Sojasoße:

4 EL Kürbiskernöl
4 EL helle Sojasoße
4 EL geröstetes Sesamöl
etwas Puderzucker

## Gebratener Romanasalat:

1 halbes Romanasalatherz je Person
1 EL geröstetes Sesamöl
1 EL neutrales Öl

## Salatsoße:

Essig, Öl, Salz, Zucker, Pfeffer
1 Knoblauchzehe
etwas schafer Senf

**Garnelensoße:** Die Butter in einer Pfanne aufschäumen. Die gewaschenen Garnelenschalen darin anbraten, bis die Schalen schön rot sind. Lauch, Ingwer, Knoblauch und Karotten ebenfalls in die Pfanne geben und mitschmoren. Weißwein, Noilly Prat, Tomaten, Cognac, Salz und Zucker hinzufügen. Alles noch ca. 10 Minuten köcheln lassen. Flüssigkeit durch ein Sieb gießen und mit der Chilisoße vermengen. Mangowürfel und Rhabarberwürfel unterheben.

**Sojasoße:** Zutaten in einer Schüssel gut verrühren.

**Romanasalat:** Halbierte Romanasalatherzen in Sesamöl und neutralem Öl bei mittlerer Hitze anbraten. Aus Essig, Öl, Salz, Zucker, Knoblauch, Pfeffer und Senf eine Salatsoße anrühren und über die gebratenen Romanasalatherzen träufeln.

**Anrichten:**
Die Knödel auf einen Teller geben. Je ein halbes Romanasalatherz dazwischen legen. Gebratene Garnelen anrichten und die zwei Soßen angießen.

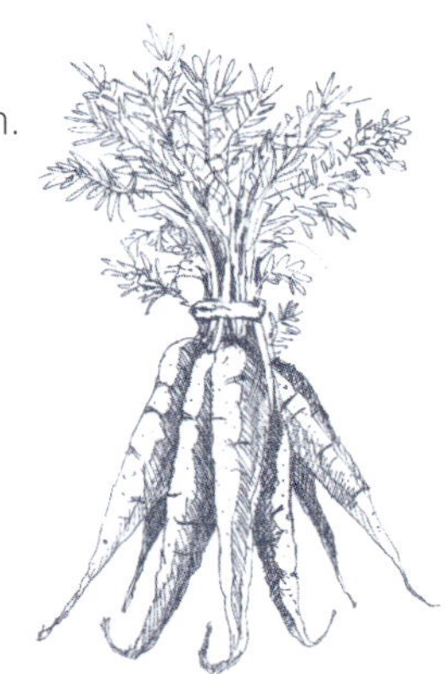

# Knödel-Carpaccio mit gebratenen Weißwürsten

### Semmelknödel-Carpaccio:

6 Semmelknödel
2 EL Butter
Weißwürste, nach Geschmack

### Salatsoße:

4 EL Essig
6 EL Wasser
1 TL Salz
etwas Pfeffer
2 EL Zucker
1 TL scharfer Senf
1 TL süßer Senf
etwas Schnittlauch, klein geschnitten
etwas Petersilie, klein geschnitten
8 EL Olivenöl

### Zusätzlich:

1 rote Zwiebel
ein paar Johannisbeertomaten oder kleingeschnittene Cocktailtomaten
Petersilie zur Deko

**Semmelknödel-Carpaccio:** Semmelknödel, wie auf Seite 75 beschrieben, zubereiten. Abkühlen lassen – am besten über Nacht im Kühlschrank. Semmelknödel in Scheiben schneiden. In etwas Butter anbraten.

**Salatsoße:** Essig, Wasser, Salz, Pfeffer, Zucker und Senf verrühren. Schnittlauch und Petersilie dazugeben. Mit Olivenöl aufschlagen. Die Zwiebel fein hobeln oder schneiden. Die Weißwürste teilen, enthäuten und anbraten. Die gebratenen Knödelscheiben halbrund mit den Weißwürsten auf einem Teller anrichten. Mit Zwiebeln und Tomaten garnieren. Die Semmelknödelscheiben, Zwiebeln und Weißwürste mit der Salatsoße übergießen und mit Petersilie garnieren.

# Gebackene Linsenknödel mit Fenchel-Orangensalat und Kreuzkümmelsoße

Rote Linsen sind die Grundlage dieser pikant-leckeren Knödelkreation. Sie verkochen, im Gegensatz zu anderen Linsenarten, schnell püreeartig und sind deshalb die perfekte Basis für den Knödelteig. Die Gewürze sind orientalisch und verleihen diesen Knödeln eine exotische Note. Sie werden auch nicht gekocht, sondern in Öl frittiert, wie Falafel. Wunderbar dazu passt ein frischer Fenchel-Orangensalat und eine Curry-Kreuzkümmelsoße, die den Knödel und den Salat umschmeicheln. Eine herzhafte Kombination, die als vegetarisches Hauptgericht genauso funktioniert, wie als kleinere Vorspeise. Guten Appetit.

## Sie brauchen dazu:

### Linsenknödel:

500 g rote Linsen, gewaschen
100 ml Orangensaft
1 EL Curry
1 EL Kurkuma
1 TL Kreuzkümmel
etwas Salz
etwas Zucker
1 EL Umamigewürz (Spiceworld)
1 Eigelb
3 EL Mehl
100 g Knödelbrot, ohne Rinde
150 g Semmelbrösel
Frittieröl
(Zutaten für ca. 7–8 Knödel)

### Fenchel-Orangensalat:

1 Fenchel mit Grün, 1 Chicorée
1 TL Salz, 1 EL Zucker
2 Orangen, die Filets
Olivenöl
Limette, Saft und etwas Abrieb

### Kreuzkümmelsoße:

4 EL Crème fraîche
6 EL Sahne
1 TL Curry, etwas Kreuzkümmel
Salz, Pfeffer, ggf. etwas Zucker

**Linsenknödel:** Linsen zusammen mit Orangensaft und Gewürzen in einen Topf geben, mit Wasser auffüllen, bis die Linsen bedeckt sind. Solange kochen, bis keine Flüssigkeit mehr im Topf ist. Die Linsen nicht anbrennen lassen – ständig rühren! Die Masse abkühlen lassen, mit Eigelb, Mehl und fein geschnittenem Knödelbrot zu einem homogenen Teig verarbeiten. Den Teig mindestens 1 Stunde kühl stellen. Mit Curry, Kreuzkümmel, Salz und Zucker nochmals nachwürzen. Falls der Teig zu weich erscheint, Semmelbrösel unterheben. Von der Masse Teig abstechen, zu Knödeln formen, in Semmelbröseln wälzen und in nicht zu heißem Frittieröl langsam ausbacken.

**Fenchel-Orangensalat**: Den Fenchel waschen und fein hobeln. Mit Salz und Zucker würzen, etwas stehen lassen, bis Flüssigkeit austritt. Die Orangenfilets dazugeben. Olivenöl, Limettensaft und -abrieb untermischen und ziehen lassen. Die Chicoréeblätter damit beträufeln.

**Kreuzkümmelsoße**: Alle Zutaten zusammen in einer kleinen Schüssel mit einem Schneebesen aufschlagen und abschmecken.

**Anrichten:**
Knödel mit Salat und Soße anrichten und eventuell mit etwas Fenchelgrün dekorieren.

# Getrüffelter Sellerieknödel mit geschmorter Roter Bete und glasierten Karotten

Wer diese Kombination noch nie genossen hat, sollte sie auf jeden Fall mal probieren. Trüffeln und Knollensellerie passen ganz wunderbar zusammen und sorgen für einen lustvollen Moment im Geschmackszentrum. Zusätzlich gesellen sich zur Knödelmasse Staudensellerie, Parmesan und geröstetes Roggenvollkornbrot dazu. Zur Roten Bete kommen braune Butter, Koriander, Fenchel und Kümmel. Gemeinsam mit den im Orangensaft glasierten Karotten entsteht ein wunderbares Gericht, das keinen Vergleich zu scheuen braucht. Es hat alles, was echte Knödellust ausmacht.

## Sie brauchen dazu:

### Sellerieknödel:

450 g Knollensellerie, klein gewürfelt
60 g Pastinaken, klein gewürfelt
(Sellerie- und Pastinakenschalen nicht wegwerfen)
10 g Salz
15 g Zucker
150 ml Wasser
40 g Butter
70 g Zwiebeln, fein gehackt
1 Knoblauchzehe, fein gehackt
50 g klein gehackte Egerlinge
1 Ei
50 g Schmand
1 EL Speisestärke
2–3 EL gutes Trüffelöl
40 g fein gehackter Staudensellerie mit Grün
50 g Parmesan, fein gerieben
Trüffel nach Wahl
150 g trockenes Baguette
50 g Semmelbrösel
etwas Muskat
Salz
Pfeffer
1 EL Butter
40 g dunkles Roggenvollkornbrot
(Zutaten für ca. 7–8 Knödel)

**Sellerieknödel:** Knollensellerie- und Pastinakenwürfel mit Salz und Zucker in einem Topf gut verrühren und ca. 10 Minuten stehen lassen, bis sich Flüssigkeit bildet. Zusammen mit dem Wasser eimal aufkochen. Deckel auf den Topf setzen und Temperatur reduzieren. Ca. 10 Minuten köcheln lassen, bis die Würfel gar sind. Gegebenenfalls ein wenig Wasser nachfüllen – es soll am Ende der Garzeit verkocht sein. Die Masse in einem Mixer fein pürieren und in eine Schüssel umfüllen. Die Zwiebeln, den Knoblauch und die Pilzwürfel in 20 g Butter farblos anschwitzen, unter das Selleriepüree mischen und auskühlen lassen.
Mit Ei, Schmand, Speisestärke, Trüffelöl, Staudensellerie und Parmesan vemengen. Falls vorhanden, fein gehackten Trüffel unterheben. Klein geschnittenes Baguette zur Masse geben und zu einem homogenen Teig verarbeiten. Eventuell noch Semmelbrösel untermischen, falls der Teig zu weich erscheint. Mit Muskat, Salz und Pfeffer abschmecken. Masse für mindestens 1 Stunde kalt stellen.
Jetzt das Roggenvollkornbrot in kleine Würfel schneiden und in Butter anrösten. Unter die abgekühlte Knödelmasse mischen. Teig abstechen, zu Knödeln formen und in Salzwasser gar ziehen lassen.

## Knödelbrösel:

150 g Pankomehl
oder Semmelbrösel
30 g Butter
etwas Salz

## Rote Bete:

**Gemüsefond:**
Übrig gebliebene, gewaschene und klein geschnittene Sellerie- und Pastinakenschalen
½ Zwiebel, mittlere Größe
20 g Lauch, das Grüne
50 g Rohschinkenwürfel
1 TL Fenchelsamen
1 TL Koriandersamen
20 g Egerlinge

**Rote Bete und Soße:**
500 g gekochte Rote Bete (vakuumiert gekauft)
50 g Butter
½ TL Korianderkörner
½ TL Fenchelkörner
¼ TL Kümmel
150 ml Gemüsefond (siehe oben)
Ein Schuss Essig
Salz, Pfeffer

## Glasierte Karotten:

30 g Butter
300 g kleine Karotten, geputzt
etwas Orangensaft
etwas Wasser
etwas Zucker
eine Prise Salz

## Parmesankörbchen:

150 g geriebener Parmesan
Tassen in passender Größe

**Knödelbrösel:** Das Pankomehl, etwas Salz und Butter in eine Pfanne geben und bei mittlerer Hitze goldgelb rösten. Die fertig gegarten Knödel darin wälzen.

**Gemüsefond:** Die gut gewaschenen Sellerie- und Pastinakenschalen kann man nutzen, um einen aromatischen Fond zu kochen, der die Basis für die Rote-Bete-Soße ist. Die klein geschnittenen Schalen, Zwiebeln, Lauch, Schinken, Egerlinge und Gewürze in einen Topf geben und mit Wasser auffüllen. Nur soviel hineingeben, dass die Zutaten bedeckt gut sind. Circa 20 Minuten köcheln lassen und abseihen. Aufgefangene Flüssigkeit auf ca. 250 ml einkochen.

**Rote Bete und Soße:** Zuerst die Rote Bete in Spalten schneiden. Die Butter in einem Topf aufkochen, bis sie nussig riecht. Rote Bete und Gewürze dazugeben und kurz mitschmoren lassen. Mit dem Gemüsefond auffüllen und 20 Minuten bei mittlerer Hitze köcheln lassen.
Die Rote-Bete-Spalten herausnehmen. Diese Flüssigkeit zusammen mit drei Rote-Bete-Spalten in einem Mixer fein pürieren. Die restlichen Rote-Bete-Scheiben zur Soße geben und mit Essig, Salz und Pfeffer abschmecken.

**Glasierte Karotten:** Die Butter in einer Pfanne aufschäumen. Die Karotten hineinlegen und kurz mitschmoren lassen. Orangensaft, Wasser, Zucker und Salz dazugeben und die Flüssigkeit bei mittlerer Hitze verkochen lassen, bis die Karotten gegart sind.

Wer mag, kann die Knödel in ein **Parmesankörbchen** legen. Dazu kreisrunde Parmesan-Häufchen im passenden Durchmesser (je nach Knödelgröße) auf Backpapier streuen (Achtung: Abstand halten). Bei 200 Grad im Backofen schmelzen lassen bis sie eine schöne Farbe haben. Herausnehmen, leicht abkühlen lassen und noch warm in passende Tassenformen drücken.

**Anrichten:**
Knödel ggf. in Parmesankörbchen setzen und mit Roter Bete, Karotten, Schnittlauch und Salatblättern anrichten.

# Tiroler Speckknödel

### Speckknödel:

200 m Milch
150 g Knödelbrot
100 g durchwachsener Speck
30 g Zwiebeln
40 g Butter
1 Ei
20 g Petersilie
Salz
Pfeffer
(Zutaten für ca. 5 Knödel)

### Rindssuppe:

1 kg Suppenfleisch, als Stück, vom Rind
ein paar Rinderknochen
500 g Suppengemüse wie Lauch, Karotten, Sellerie und Petersilienwurzel
2 Zwiebeln mit Schale
2 Knoblauchzehen
3 Lorbeerblätter
ein paar Wacholderbeeren
ein paar Pfefferkörner
ein paar Korianderkörner
Salz

**Speckknödel:** Milch erwärmen, über das Knödelbrot schütten und durchziehen lassen. Speck und Zwiebeln klein schneiden. In einer Pfanne Butter aufschäumen lassen, Zwiebeln und Speck darin knusprig braten. Zwiebeln, Speck und Ei unter das Knödelbrot mischen. Petersilie klein hacken und mit der Knödelmasse vermengen. Mit Salz und Pfeffer würzen. Den Teig für 1 Stunde in den Kühlschrank stellen. Von der Knödelmasse Teig abstechen und zu Knödeln formen. In Rindssuppe oder gesalzenem Knödelwasser gar ziehen lassen.

**Rindssuppe:** Fleisch und Knochen waschen, in einen Topf legen, alle Zutaten dazugeben und mit kaltem Wasser auffüllen, bis alles gut bedeckt ist. Einmal aufkochen und bei kleiner Hitze für zwei bis drei Stunden nur leicht köcheln lassen. Anfangs den Schaum abschöpfen. Knödel mit Rindssuppe oder alternativ mit brauner Butter, Parmesanspänen und Salat servieren.

# Mangoldknödel mit Gemüse, Birnen, gerösteten Haselnüssen und Parmesancreme

Mangold ist nicht nur sehr gesund, er schmeckt auch vorzüglich, wenn man ihn zu Knödeln verarbeitet. Wir verwenden nicht nur die grünen Blätter, sondern auch die Stängel, die den Knödeln eine zusätzliche geschmackliche Tiefe geben. Wunderbar dazu passen Petersilienwurzeln, Lauch und Karotten als kleine, feine Gemüsebeilage. Als „i-Tüpfelchen" noch geröstete Haselnüsse und fruchtige, süße Birnen zufügen. Abgerundet wird das Gericht mit einer Parmesancreme, die man übrigens auch zu vielen anderen Knödeln servieren kann. Guten Appetit.

## Sie brauchen dazu:

### Mangoldknödel:

40 g Butter
70 g Lauch, fein gehackt
1 Knoblauchzehe, fein gehackt
250 g Quark,
ausdrücken auf ca. 180 g
15 g Petersilie
1 Ei
ca. 130 g Mangoldblätter
ca. 130 g Mangoldstängel
40 g Parmesan, gerieben
70 g Taleggio, fein gehackt
½ Zitrone, Saft und Abrieb
130 g Knödelbrot
Salz
Pfeffer
Muskat
Zucker
(Zutaten für ca. 7 Knödel)

### Parmesancreme:

200 ml Sahne
50 g Parmesan, gerieben
etwas Zitronensaft
Salz
Zucker
ggf. etwas Stärke zum Binden

**Mangoldknödel:** Die Butter in einer Pfanne aufschäumen, den Lauch und den Knoblauch darin anschwitzen. In eine Schüssel umfüllen und mit dem Quark, der fein gehackten Petersilie und dem Ei vermengen.
Die Mangoldblätter und -stängel fein schneiden, in Salzwasser kurz blanchieren, kalt abspülen, abtropfen lassen und zur Quarkmasse geben. Die beiden Käsesorten, Zitronenabrieb und -saft ebenfalls unter die Masse mischen. Zum Schluss das Knödelbrot unterheben, alles gut vermengen und mit Salz, Pfeffer, Muskat und Zucker abschmecken.
Die abgedeckte Knödelmasse eine Stunde kühl stellen. Danach Teig abstechen, Knödel formen und einen Probeknödel in Salzwasser gar ziehen lassen.
Falls die Masse zu weich ist, Semmelbrösel bis zur passenden Konsistenz dazugeben. Sobald die Knödel an die Wasseroberfläche steigen sind sie fertig.

**Parmesancreme:** Die Sahne mit dem Parmesan in einem Topf erhitzen, bis sich der Parmesan aufgelöst hat. Dabei ständig rühren, damit sich der Käse nicht am Topfboden anlegt. Mit Zitronensaft, Salz und Zucker abschmecken und eventuell mit etwas Stärke binden.

### Feines Gemüse:

Menge nach Geschmack:
Lauch
Petersilienwurzeln, geschält
Karotten, geschält
Butter
etwas Zitronensaft
Salz
Pfeffer
Zucker
Birne, süß

### Geröstete Haselnüsse:

Haselnüsse, ohne Haut
etwas Salz

### Außerdem:

etwas Petersilie

**Feines Gemüse:** Das Gemüse in lange Stifte schneiden und für 2–3 Minuten in Salzwasser blanchieren. In einem Sieb abtropfen lassen, in einer Pfanne mit aufgeschäumter Butter für ein paar Minuten braten, ohne dass das Gemüse Farbe annimmt. Zitronensaft dazugeben und mit Salz, Pfeffer und Zucker abschmecken. Die Birne in Spalten schneiden, in etwas aufgeschäumter Butter anbraten und ein wenig salzen.

**Geröstete Haselnüsse:** Haselnüsse in einer Pfanne ohne Fett bei mittlerer Hitze rösten. Grob hacken und mit etwas Salz würzen.

**Anrichten:**
Das Gemüse auf einem Teller platzieren, ein oder zwei Knödel darauf setzen. Haselnüsse und Birnenspalten über das Gemüse legen. Seitlich Parmesancreme anrichten und mit etwas Petersilie dekorieren.

## Brennnesselknödel

Alternativ passen zu diesem Gericht auch Brennnesselknödel sehr gut, die ebenso gesund sind und im Geschmack an Spinat erinnern. Klassisch könnte man diese auch mit brauner Butter, Parmesan und Salat servieren.

### Brennnesselknödel:

200 g Brennnesselblätter, junge Triebe
30 g Butter
½ Zwiebel, fein gehackt
1 Knoblauchzehe, fein gehackt
250 ml Milch
150 g Knödelbrot
2 EL Parmesan, gerieben
1 Ei
Salz, Pfeffer, Muskat
Semmelbrösel zum Binden
(Zutaten für ca. 5 Knödel)

**Brennnesselknödel:** Die Brennnesselblätter in Salzwasser kurz blanchieren, abseihen und fein hacken. Butter in einer Pfanne aufschäumen, Zwiebeln und Knoblauch darin anschwitzen. Die Brennnesselblätter dazugeben und kurz mitziehen lassen. Mit Milch aufgießen und einmal aufkochen, etwas abkühlen lassen und über das Knödelbrot schütten. Parmesan und Ei dazugeben, mit Salz, Pfeffer und Muskat würzig abschmecken und gut vermengen. 1 Stunde kühl stellen. Falls die Konsistenz noch nicht fest genug ist, Semmelbrösel daruntermischen. Von der Masse Teig abstechen und zu Knödeln formen. In gesalzenem Knödelwasser gar ziehen lassen.

# Fränkische Mehlklöße

### Mehlklöße:

50 g Butter
200 g Mehl
1 Ei
125 ml Milch
1 Prise Backpulver
2 EL Semmelbrösel
etwas Salz
(Zutaten für 4 Knödel)

### Zwiebeln und Speck:

1–2 große Zwiebel/n
40 g Butter
150 g geräucherter Speck

### Außerdem:

Petersilie
Sauerrahm

Diese Mehlknödel (Klöße) sind typisch für Franken und waren einmal ein „Arme-Leute-Essen". Sie erinnern geschmacklich ein wenig an einen Spätzleteig.

**Mehlklöße:** Die Butter kurz erwärmen, damit sie flüssig wird. Das Mehl in eine Schüssel sieben. Mit dem Ei, der Butter und der Milch zu einem Teig verrühren. Backpulver und Semmelbrösel dazugeben und alles gut vermengen. Mit etwas Salz abschmecken. Die Knödelmasse ca. 15 Minunten ziehen lassen. Falls die Konsistenz noch nicht fest genug ist, Semmelbrösel daruntermischen. Von der Masse Teig abstechen und zu Knödeln formen. In gesalzenem Knödelwasser gar ziehen lassen.

**Zwiebeln und Speck:** Die Zwiebel in grobe Streifen oder dickere Ringe schneiden. Die Butter in einer Pfanne aufschäumen lassen. Zwiebeln und Speck hineingeben und bei mittlerer Hitze nach Geschmack anbraten.

Die Mehlklöße mit Zwiebeln, Speck und der Bratbutter anrichten. Mit Petersilie und Sauerrahm garnieren.

# Mozzarella-Prosciutto-Knödel mit gebratenem Radicchio und Staudenselleriesalat

Italienische Aromen spielen bei diesen Knödeln die Schlüsselrollen. Mozzarella und Prosciutto di Parma bilden das Traumpaar, das diese gebackenen Knödel adelt. Dazu empfehlen wir leicht herben, gebratenen Radicchio und als Gegenspieler dazu, einen fruchtigen Staudenselleriesalat mit Weintrauben, der nur mit etwas Olivenöl, Zitrone, Salz und Zucker angemacht wird. Das auf dunklem Traubensaft basierende Sößchen umschmeichelt die Aromen dieser Knödelkreation und sorgt für ein wunderbares Geschmackserlebnis. Lassen Sie es sich schmecken und freuen Sie sich auf eine neue Knödelliebelei. Am besten, Sie machen gleich ein paar Knödel mehr, denn selbst kalt genossen sind sie echte Knaller!

## Sie brauchen dazu:

### Mozzarella-Prosciutto-Knödel:

300 g Knödelbrot
2 Eier
200 ml warme Milch
etwas Rosmarin, fein gehackt
2 kleine Knoblauchzehen, fein gehackt
60 g Taleggio oder anderen würzigen Weichkäse
40 g Parmesan, gerieben
100 g Mozzarella
100 g Prosciutto Crudo
Frittieröl
(Zutaten für ca. 6–7 Knödel)

### Staudensellerie-Weintraubensalat:

4 Stangen Staudensellerie
Salz
Zucker
15 Weintrauben
2 TL Zitronensaft
4 EL Olivenöl

**Mozarella-Prosciutto-Knödel:** Das Knödelbrot fein schneiden und in eine Schüssel füllen. Eier, Milch und Rosmarin unterheben und etwas ziehen lassen. Knoblauch, fein geschnittenen Weichkäse und geriebenen Parmesan zufügen.
Alles gut durchmischen, damit sich die Zutaten gut verbinden. Den Knödelteig mindestens 1 Stunde kalt stellen.
Mozzarella und Prosciutto klein schneiden. Aus der Knödelmasse Teig abstechen und zu Knödeln formen. Knödel flach drücken und jeweils mit kleingeschnittenem Prosciutto und einem Stück Mozzarella füllen. Teig über die Füllung ziehen und verschließen. Frittieröl erhitzen und Knödel darin bei mittlerer Hitze ausbacken, bis sie gar sind und eine schöne hellbraune Farbe haben.

**Staudensellerie-Weintraubensalat:** Den Staudensellerie längs in lange Stifte schneiden und mit Salz und Zucker würzen. Etwas ziehen lassen.
Die Weintrauben vierteln und dazugeben.
Mit Zitronensaft und Olivenöl abschmecken.

## Karamellisierter Radicchio:

2 kleine Radicchi
etwas warmes Wasser

50 g Zucker
50 ml Wasser
1 ½ EL Balsamico
2 EL Sojasoße hell
200 ml Johannisbeersaft
1 Schalotte
etwas gehackte Rosmarinnadeln
etwas Stärke
Salz
Pfeffer

**Karamellisierter Radicchio:** Radicchi in warmes Wasser geben und 10 Minuten darin liegen lassen. So werden die Bitterstoffe etwas entzogen.

Zucker und Wasser in eine Pfanne geben und solange einkochen bis der Zucker hellbraun karamellisiert. Mit Balsamico und Sojasoße ablöschen, die Radicchi je nach Größe halbieren oder vierteln und darin anbraten.
Aus der Pfanne nehmen und zur Seite legen. Johannisbeersaft, kleingeschnittene Schalotten und gehackten Rosmarin in die Pfanne geben, den Saft etwas einkochen lassen und mit Stärke leicht binden. Würzig mit Salz und Pfeffer abschmecken. Radicchi wieder in die Soße legen und etwas mitziehen lassen.

**Anrichten:**
Knödel, Radicchio und Staudenselleriesalat auf einen Teller anrichten. Die Soße angießen.

# Rote-Bete-Knödel

### Rote-Bete-Knödel:
60 g Zwiebeln
50 g Butter
5 g Knoblauch
300 g gekochte Rote Bete
10 g Salbei
5 g Rosmarin
1 TL Korianderkörner
½ TL Kümmel
½ TL Fenchelsamen
1 Ei
150 g Ricotta
1 EL Stärke
1 Limette, Saft
150 g Knödelbrot
Salz
Pfeffer
Muskat
(Zutaten für 5–6 Knödel)

**Knödel-Garflüssigkeit:**
1 l Rote-Bete-Saft
1 TL Kümmel
1 EL Korianderkörner
2 Lorbeerblätter
ca. 1 EL Salz
400 ml Wasser

### Zusätzlich:
Semmelbrösel oder Pankomehl
50–100 g Butter
Walnusskerne
nach Geschmack
Parmesanspäne
etwas Petersilie

**Rote-Bete-Knödel:** Rote Bete, Zwiebeln und Knoblauch klein schneiden. Butter in einer Pfanne aufschäumen. Zwiebeln und Knoblauch hineinlegen und farblos anschwitzen. Klein geschnittene Kräuter, Koriander, Kümmel, Fenchelsamen und die Rote Bete in die Pfanne geben und 10 Minuten mitschmoren. Alles zusammen in einem Mixer fein pürieren. Masse abkühlen lassen, Ei, Ricotta, Stärke und Limettensaft dazugeben, alles gut durchmischen. Jetzt das Knödelbrot unterheben und zu einem homogenen Teig verarbeiten. Mit Salz, Pfeffer und Muskat würzen. Teig für 1 Stunde kühl stellen.
Von der Masse Teig abstechen und zu Knödeln formen.

Rote-Bete-Saft, Wasser und Gewürze in einem Topf einmal aufkochen lassen. Temperatur reduzieren und Knödel hineingeben. Das Wasser soll nicht mehr kochen. Knödel gar ziehen lassen.

Semmelbrösel oder Pankomehl in Butter bräunen und über die Knödel streuen. Mit gerösteten Walnusskernen und etwas Parmesan anrichten.

# Lachs-Zanderknödel mit Erbsen-Apfelpüree, Fenchel und Currysenfsoße

Besonders leicht und fein in der Aromatik ist dieser Fischknödel. Dessen kulinarisches Zentrum bildet ein Stück Wildlachs, der mit einer Zander-Estragonfarce umhüllt und in Mangoldblätter gewickelt wird. Für die Frische des Gerichts sorgen ein Erbsen-Apfelpüree und ein leichter Fenchelsalat, der mit etwas Staudensellerie und den fein gehackten Stängeln des Mangolds angemacht wird. Für den Crisp sorgt frittiertes Kartoffelstroh. Abgerundet wird diese Knödelkreation mit einer fruchtigen Currysoße, die mit Apfelmus und Dijonsenf abgeschmeckt wird. Zugegeben, hier steckt etwas Arbeit im Gericht, aber es ist jede Minute wert, die man investiert – zumal man das Püree und die Soße wunderbar am Tag vorher zubereiten kann und am nächsten Tag nur noch erwärmt. Guten Appetit.

## Sie brauchen dazu:

### Erbsen-Apfelpüree:

800 g grüne Erbsen, TK
100 g Parmesan
100 g braune Butter (siehe Seite 51)
1 EL Quark
300 g Apfelmus
ggf. etwas Semmelbrösel
Salz, Pfeffer

### Fenchelsalat:

1 Fenchelknolle
1 EL Zucker
1 TL Salz
2 Stangen Staudensellerie, fein gehackt
2 EL Karottenwürfel, fein gehackt
1 Limette, Abrieb und Saft
4 EL Olivenöl

### Kartoffelstroh:

500 g Kartoffeln, festkochend
Salz
Frittieröl

**Erbsen-Apfelpüree:** Aufgetaute Erbsen, geriebenen Parmesan, braune Butter, Quark und Apfelmus in einem Mixer fein pürieren. Mit Salz und Pfeffer abschmecken. Eventuell etwas Semmelbrösel dazugeben, falls das Püree zu flüssig erscheint.

**Fenchelsalat:** Die Fenchelknolle fein hobeln. In eine Schüssel geben und mit Zucker und Salz vermengen. 10 Minuten ziehen lassen, bis sich Flüssigkeit bildet. Die Staudensellerie- und Karottenwürfel mit dem Fenchel vermischen, Limettensaft, -abrieb und Olivenöl unterrühren.

**Kartoffelstroh:** Die Kartoffeln schälen und entweder mit einem Spaghetti-Gemüseschneider in Spaghettiform schneiden oder mit einem Messer in längliche, dünne Streifen. Kartoffelspaghetti kreisrund legen und vorsichtig in das Frittieröl heben und mit zwei Löffeln in Form halten bis die Kartoffeln angebacken sind. Goldgelb ausbacken, aus dem Fett nehmen und abtropfen lassen. Mit Salz würzen.

## Fisch-Knödelteig:

500 g Zanderfilet (sehr kalt)
200 g Sahne (sehr kalt)
Salz
Pfeffer
Umamigewürz (Spiceworld)
½ Zitrone, Abrieb und Saft
1 Ei
35 g getrocknetes Toastbrot ohne Rinde
10 g Estragonblätter

150 g Mangoldblätter
300 g Wildlachsfilets
etwas Salz
Frischhaltefolie

## Curry-Soße:

50 g Butter
100 g fein gehackte Zwiebeln
1 angedrückte Knoblauchzehe
8 große Egerlinge
1–2 cm Ingwer
1 Kurkumawurzel, klein geschnitten
2 Lorbeerblätter
1 Stange Staudensellerie, Würfel
1 Karotte, Würfel
200 ml Weißwein
200 ml Noilly Prat (Wermut)
400 ml Fischfond
Sahne
2 EL Madrascurry
1 EL Dijonsenf
6 EL Apfelmus
15 g Estragon
etwas Liebstöckel
etwas Sea of Spices (Altes Gewürzamt)
Salz
Zucker

**Fisch-Knödelteig:** Die Zanderfilets klein schneiden. Zusammen mit der Sahne, den Gewürzen, Zitronenabrieb und -saft fein mixen, bis eine zähe, homogene Masse entsteht. In eine Schüssel füllen. Das Ei, das klein geschnittene Toastbrot und den klein gehackten Estragon zufügen und gut durchmischen. Die Masse sollte nicht zu warm werden. Würzig abschmecken und sofort kühl stellen.

Einen Topf mit Wasser zum Kochen bringen. Die Mangoldblätter für eine Minute blanchieren, aus dem Wasser nehmen und unter kaltem Wasser abkühlen. Den Mangold gut ausdrücken. Küchenkrepp auslegen und darauf ein Stück Frischhaltefolie ausbreiten. Die Mangoldblätter darauf überlappend auslegen und etwas trocken tupfen. Den äußeren Bereich der Frischhaltefolie frei lassen. Jeweils einen guten Löffel Zandermasse auf die Mitte der Mangoldblätter setzen und flach drücken. Darüber ein Stück Wildlachs legen und salzen. Jetzt nochmals Zandermasse darübergeben und verstreichen. Der Lachs sollte rundum mit der Masse bedeckt sein. Die Frischhaltefolie nach oben über die Masse ziehen, zu einem Knödel formen und fest verschließen, damit kein Wasser an die Fischmasse kommen kann. Die Knödel in Salzwasser gar ziehen lassen. Herausnehmen und die Folie abziehen.

**Curry-Soße:** Butter in einer Pfanne aufschäumen. Zwiebeln und Knoblauchzehe hineingeben und mit den klein geschnittenen Egerlingen, Ingwer, Kurkumawurzel, Lorbeerblättern, Staudenselleriewürfeln und den Karotten farblos anschwitzen. Mit Weißwein und Noilly Prat ablöschen und die Flüssigkeit auf die Hälfte einreduzieren. Mit Fischfond aufgießen und wiederum einkochen lassen. Flüssigkeit abseihen und mit etwa der gleichen Menge Sahne aufgießen. Ein paar Minuten köcheln lassen. Curry, Senf, Apfelmus, Estragon, Liebstöckel, Sea-of-Spices-Gewürz, Salz und Zucker zugeben, mitkochen lassen und abschmecken. Soße durch ein Sieb abseihen und auf die gewünschte Konsistenz einkochen.

**Anrichten:**
Püree und Kartoffelstroh auf einen Teller anrichten. Knödel und Salat dazulegen und die Soße angießen.

# Bratkartoffelknödel

## Knödelteig:

80 g Butter
800 g geschälte, vorwiegend festkochende Kartoffeln
10 g Schnittlauch
800 g mehlige Kartoffeln
2 Eier
1 gehäufter EL Quark
1 EL Stärke
2 EL Semmelbrösel
60 g Petersilie
Salz
Pfeffer
Muskat
(ergibt ca. 9 Knödel)

**Käse zum Überbacken**
70 g Gouda, gerieben
70 g Parmesan, gerieben, vermischen und verkneten und auf die Knödel geben. Bei 180 Grad im Backofen überbacken.

## Zusätzlich:

Knödel zum Beispiel mit einem Salat anrichten. Eventuell noch Joghurt mit Salz, Zucker und Essig abschmecken und dazugeben.

**Knödelteig**: Die geschälten, vorwiegend festkochenden Kartoffeln in ca. 5 mm breite Scheiben und diese dann in ca. 5 mm breite Würfel schneiden. In einer Pfanne 30 g Butter bei mittlerer Hitze aufschäumen. Die Kartoffelwürfel darin braten. Es sollen deutliche Röstspuren zu sehen sein. Mit Salz, Pfeffer und Muskat würzen. Den klein gehackten Schnittlauch zufügen und für 1 Minute mitbraten. Die gebratenen Kartoffelwürfel aus der Pfanne nehmen und abkühlen lassen.

Die mehlig kochenden Kartoffeln waschen und einzeln in Alufolie packen. Bei 160 Grad backen, bis sie gar sind. Aus der Folie nehmen, etwas abkühlen lassen und schälen. Durch die Kartoffelpresse drücken und zu den Bratkartoffelwürfeln geben. Eier, Quark, Stärke und Semmelbrösel unterheben, würzen und gut vermengen. Die Petersilie klein schneiden. 50 g Butter in einem Topf erhitzen. Die Petersilie zur Butter geben und frittieren, bis die Butter nussig riecht.
Die Petersilienbutter unter die Knödelmasse mischen. Alles gut abschmecken. Die Knödel auf ein mit Backpapier belegtes Blech setzen, mit Käse bestreuen und bei 180 Grad backen, bis der gewünschte Bräunungsgrad des Käses erreicht ist.

# Ziegenfrischkäse-Knödel mit Spargel, Karottenpüree und Mangold-Holundersoße

Spargel mal ohne Hollandaise, dafür mit einer Mangoldsoße, die mit etwas Holunderblütensirup abgerundet wird. Als Ergänzung ein fruchtiges Karottenpüree, das seine Tiefe durch Orangensaft und püriertem Spargel erhält – als Krönung ein Ziegenfrischkäseknödel, der mit Petersilie, Estragon, Minze, Oregano und Rosmarin zusätzliche Geschmackskomponenten bekommt. Etwas Spargelschinken dazu und schon hat man ein leckeres Knödelgericht, das bestens harmoniert, richtig Laune auf mehr macht und als Hauptgericht perfekt funktioniert. Vegetarier lassen den Schinken einfach weg. Das ist Knödellust, wie sie sein muss – einfach lecker!

## Sie brauchen dazu:

### Ziegenfrischkäse-Knödel:

3 Eigelb
150 ml Milch
300 g Ziegenfrischkäse
30 g Kräuter, kleingeschnitten: Petersilie, Estragon, Oregano, Minze, Rosmarin
½ Zitrone, Abrieb und Saft
Salz
Pfeffer
Muskat
1 Prise Zucker
Umamigewürz (Spiceworld)
400 g Baguette, vom Vortag
3 Eiweiß
50 g Schwarzbrot, ohne Rinde
(Zutaten für ca. 10 Knödel)

### Knödelbrösel:

200 g Pankomehl oder Semmelbrösel
50 g Butter
etwas Salz
etwas klein geschnittene Petersilie

**Ziegenfrischkäse-Knödel**: Die Eier trennen. Die Eigelbe mit dem Ziegenfrischkäse, der Milch, den Kräutern, Zitronenabrieb und -saft in eine Schüssel geben und gut verrühren. Mit den Gewürzen und dem klein geschnittenen Baguette zu einem homogenen Teig verarbeiten. Knödelteig würzig abschmecken. Das Eiweiß steif aufschlagen, vorsichtig unter die Knödelmasse heben und für mindestens 2 Stunden kalt stellen. In der Zwischenzeit das Schwarzbrot in kleine Würfel schneiden und ohne Fett in einer Pfanne rösten, erkalten lassen und nach der Kühlzeit unter den Knödelteig mischen. Von der Knödelmasse Teig abstechen und zu Knödeln formen. In Salzwasser gar ziehen lassen.

**Knödelbrösel:** Das Pankomehl oder die Semmelbrösel in einer Pfanne zusammen mit der Butter, Salz und Petersilie goldgelb rösten. Die fertigen Knödel in den Bröseln wälzen.

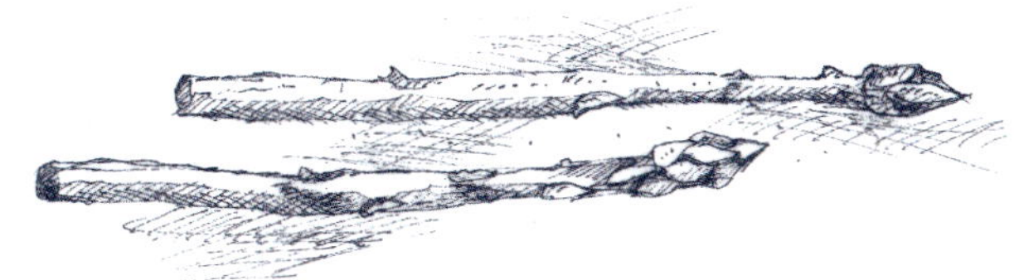

## Spargel-Karottenpüree:

200 g Spargel, geschält
100 g Karotten, geschält
1 TL Salz
½–1 EL Zucker
30 g Butter
10 EL Orangensaft
2 EL Crème fraîche

## Mangoldsoße:

200 g Spargel, grün
Salz
Zucker
200 ml Wasser
200 g Mangold
40 g Butter
200 ml Weißwein
1 EL Dijonsenf
4 EL Holunderblütensirup
2 EL Reisessig
½ Limette, Abrieb und Saft

## Spargel:

pro Person 3 Stangen weißer Spagel
Salz
Zucker
50–100 g Butter
2 Schalotten
½ Limette, Saft

## Zusätzlich:

Spargelschinken als Rollen angerichtet, Radieschenscheiben, etwas Petersilie

**Spargel-Karottenpüree:** Spargel und Karotten in kleine Würfel schneiden und in einen Topf füllen. Mit Salz und Zucker durchmischen und 10 Minuten stehen lassen, bis das Gemüse Saft abgibt. Die anderen Zutaten zum Spargel geben und einmal aufkochen. Einen Deckel auf den Topf setzen, die Temperatur etwas reduzieren und in ca. 5 bis 10 Minuten gar ziehen lassen. Masse in einem Mixer fein pürieren und abschmecken.

**Mangoldsoße:** Den Spargel klein schneiden und in einen Topf füllen. Mit Salz und Zucker würzen und 10 Minuten ziehen lassen, bis Flüssigkeit austritt. Das Wasser dazugeben, Deckel auf den Topf setzen und ca. 5 Minuten kochen lassen. Den Mangold klein schneiden. In einer Pfanne Butter aufschäumen und den Mangold darin farblos anschwitzen. Mit Weißwein ablöschen, den Senf dazugeben und fertiggaren. Den Mangold mit dem gekochten Spargel in einem Mixer fein pürieren. Die Masse in einen Topf füllen. Holunderblütensirup, Reisessig, Limettensaft und -abrieb dazugeben und abschmecken.

**Spargel:** Den Spargel schälen, holzige Enden abschneiden. Mit Salz und Zucker würzen und 10 Minuten ziehen lassen. In einer Pfanne Butter aufschäumen, gehackte Schalotten dazugeben und farblos anschwitzen. Die Spargelstangen zufügen und mit etwas Wasser aufgießen. Den Spargel bei mittlerer Hitze garen und mit Limettensaft, Salz und Zucker abschmecken.

**Anrichten:**
Mangoldsoße auf einen Teller mit jeweils 3 Spargelstangen anrichten. Karottenpüree jeweils links und rechts dazusetzen. Die Schinkenrollen dazustellen, mit Petersilie, den Bröseln und den gehobelten Radieschenscheiben garnieren.

# Tiroler Kaspressknödel

### Kaspressknödel:

30 g Butter
40 g Zwiebel
1 Knoblauchzehe
100 ml Milch, erwärmt
1 Ei
100 g Knödelbrot
60 g Bergkäse
50 g Graukäse
(alternativ ein würziger Weichkäse)
10 g Petersilie
Salz
Pfeffer
Sonnenblumenöl
(Zutaten für ca. 4 Knödel)

### Rindssuppe:

siehe Seite 41

### Braune Butter:

Butter nach Geschmack

**Kaspressknödel:** Butter in einer Pfanne aufschäumen. Klein geschnittene Zwiebeln und Knoblauch darin farblos anschwitzen. Erwärmte Milch mit dem Ei verrühren und über das Knödelbrot gießen und ziehen lassen. Bergkäse und Graukäse sehr klein schneiden und zum Knödelbrot geben. Zwiebeln und Knoblauch ebenfalls zufügen. Klein geschnittene Petersilie untermischen und alles zu einem homogenen Teig verarbeiten. Mit Salz und Pfeffer würzen. Von der Masse Teig abstechen und zu Knödeln formen und etwas flach drücken. In einer Pfanne Öl erhitzen und die Knödel bei mittlerer Hitze braten. Knödel entweder als Suppeneinlage verwenden oder alternativ mit brauner Butter und Salat anrichten.

**Braune Butter:** Butter in einem Topf bei mittlerer Hitze aufschäumen und warten bis sie goldbraun wird und nussig riecht. Vom Herd nehmen und durch ein mit Küchenpapier ausgelegtes Sieb gießen.

# Pfifferlingknödel mit Lauch, gelber Tomatensoße und Trüffelschaum

Herbstzeit ist Pfifferlingzeit und diese eignen sich hervorragend für Knödel. In Kombination mit angebratenen Speckwürfeln, Zwiebeln und Frischkäse entstehen daraus wunderbare, deftig-würzige Knödel. Als perfekte Ergänzung dazu gibt es ein leckeres Lauchgemüse, verfeinert mit Weißwein und Thymian. Dazu passt eine Tomatensoße aus gelben Tomaten. Diese sind feiner und fruchtiger im Geschmack. Wenn Sie keine gelben bekommen, nehmen sie rote Tomaten. Ergänzt mit ein paar leicht sautierten Cocktailtomaten und einem aromatischen Trüffelschaum wird daraus ein überaus leckeres Gericht, das Lust auf mehr macht.

## Sie brauchen dazu:

### Pfifferlingknödel:

60 g Butter
90 g Zwiebeln
100 g geräucherte Speckwürfel
150 g Pfifferlinge
250 g Knödelbrot
100 g Frischkäse
1 Ei
2 EL Petersilie, fein geschnitten
1 EL Sauerrahm
Salz
Pfeffer
Muskat
(Zutaten für ca. 6 Knödel)

### Lauchgemüse:

400 g Lauch
100 g Butter
200 ml Weißwein
1 EL Zucker
Salz
Pfeffer
Thymian

**Pfifferlingknödel:** Zwiebeln klein würfeln und zusammen mit den Speckwürfeln in der Hälfte der Butter anschwitzen. Pfifferlinge klein würfeln und in der restlichen Butter anschwitzen und leicht salzen. Zwiebeln, Pfifferlinge, Speck und alle anderen Zutaten in eine Schüssel geben und gut durchmischen. Mit Salz, Pfeffer und Muskat abschmecken. Die Masse 1 Stunde kalt stellen. Teig abstechen und zu Knödeln formen.

Knödel im Salzwasser gar ziehen lassen oder im Dampfbackofen bei 90 bis 100 Grad ca. 25 Minuten dämpfen. Im Backofen kann man die Knödel ebenfalls zubereiten. Zusammen mit den Knödeln eine Schale mit kochendem Wasser in den Ofen stellen und bei 100 Grad in circa 25 Minuten fertig garen.

**Lauchgemüse:** Den gewaschenen Lauch zuerst in 6 bis 7 cm lange Stücke und dann längs in schmale Stifte schneiden. Butter in einem Topf aufschäumen, Lauch dazugeben, mit Salz, Pfeffer, Zucker und Thymian würzen. Ca. 5 Minuten leicht schmoren, ohne dass der Lauch Farbe annimmt. Weißwein dazugießen und auf die Hälfte einkochen lassen.

### Gelbe Tomatensoße:

500 g gelbe Tomaten
50 g Butter
2 Knoblauchzehen, klein schneiden
2 Scheiben Ingwer, klein schneiden
4 EL Weißwein
2 EL Crème fraîche
Salz
1 TL Zucker

### Trüffelschaum:

200 ml Milch
2 EL Sahne
1 EL gutes Trüffelöl
1 Prise Salz

### Cocktailtomaten:

Cocktailtomaten
etwas Butter
Salz
ein Prise Zucker

**Gelbe Tomatensoße:** Die Tomaten in Würfel schneiden. Butter in einem Topf aufschäumen, Knoblauch und Ingwer darin anschwitzen und zusammen mit den Tomaten köcheln lassen. Mit Weißwein aufgießen und etwas einreduzieren lassen. Crème fraîche dazugeben und alles zusammen in einem Mixer fein pürieren. Die Soße mit Salz und Zucker abschmecken.

**Trüffelschaum:** Die Milch mit der Sahne aufkochen, das Trüffelöl einrühren und mit dem Pürierstab oder einem Mixer aufschäumen und leicht salzen.

**Cocktailtomaten:** Etwas Butter in einem Topf aufschäumen, die Cocktailtomaten halbieren und zufügen. Mit etwas Salz und einer Prise Zucker würzen, ein paar Minuten durchschwenken.

**Anrichten:**
Lauchgemüse auf den Teller geben. Den Knödel auf das Gemüse legen und mit Tomatensoße und den geschmorten Cocktailtomaten anrichten.

# Böhmische Knödel

## Knödelteig:

500 g Mehl
200 ml lauwarmes Wasser
½ Teelöffel Zucker
20 g frische Hefe
½ Teelöffel Salz
1 Ei

**Knödelteig:** Mehl in eine Schüssel sieben. Wasser mit Zucker und Hefe verrühren, bis sich die Hefe darin aufgelöst hat. Das Hefewasser zusammen mit Ei und Salz zum Mehl geben, mit der Hand vermengen und gut verkneten, bis ein elastischer Teig entsteht.

Den Teig mit einem Tuch abgedeckt, ca. 45 Minuten in einer Schüssel gehen lassen, bis sich das Volumen verdoppelt hat. Zwei längliche Rollen formen und diese entweder im Dampfgarer bei 90 Grad ca. 25–30 Minuten garen oder in einem Topf mit gesalzenem Knödelwasser ebenso lange ziehen lassen. Wichtig: Den Deckel des Topfes darf man während des Garens nicht öffnen!

Nach der Garzeit die Knödelrollen aus dem Topf nehmen und mit einem Bindfaden in Scheiben schneiden. Die Germknödel passen hervorragend zu geschmortem Fleisch.

# Steinpilzknödel, Kräuterknödel, Walnussknödel mit Krautsalat und Zwiebelmarmelade

Vielleicht haben Sie schon einmal in Südtirol „Knödel-Tris" genossen. Dieses Gericht besteht aus drei Knödeln – einem Spinatknödel (Seite 30), einem Rote-Bete-Knödel (Seite 49) und oft einem Kaspressknödel (Seite 57). Ein grandioses Gericht! Wir haben uns ein bayerisches Knödeldreierlei überlegt, das ebenso lecker schmeckt. Mit beiden Varianten kommt man dem Knödelglück schon ziemlich nah. So oder so, probieren Sie es aus, es lohnt sich. Aber Vorsicht, beide Versionen haben hohes Suchtpotenzial.

## Sie brauchen dazu:

### Steinpilzknödel:

30 g Steinpilze, getrocknet
50 g Butter
40 g Schalotten, klein gewürfelt
1–2 Knoblauchzehen, fein gehackt
250 ml Milch
½ Zitrone, Abrieb
etwas Zitronensaft
150 g Knödelbrot
400 g Steinpilze, frisch, klein gehackt
25 g Petersilie, fein gehackt
30 g Frischkäse
1 Ei
Salz
Pfeffer
2 EL Semmelbrösel
(Zutaten für ca. 6 Knödel)

### Kräuterknödel:

250 g Quark
30 g Dill, inkl. Stängel
30 g Kerbel, inkl. Stängel
30 Petersilie, inkl. Stängel
etwas Zitronensaft
1 Ei
130 g Knödelbrot, klein geschnitten
30 Butter
30 g Schalotten, fein gehackt
Salz, Pfeffer, Zucker
(Zutaten für ca. 6 Knödel)

**Steinpilzknödel:** Die getrockneten Steinpilze in einem Mixer fein pürieren. 30 g Butter in einer Pfanne aufschäumen. Schalotten und Knoblauch darin farblos anschwitzen. Mit Milch aufgießen und das Steinpilzpulver dazugeben und aufkochen lassen. Ein paar Minuten ziehen lassen, über das Knödelbrot gießen und damit vermengen. Die frischen Steinpilze in der restlichen Butter scharf anbraten, mit Salz und Pfeffer würzen, Zitronenabrieb, -saft und Petersilie unterheben und mit dem Knödelbrot vermischen. Jetzt Frischkäse und Ei zur Knödelmasse hinzufügen und miteinander vermengen. Nochmals mit Salz und Pfeffer abschmecken. Die abgedeckte Knödelmasse eine Stunde kühl stellen. Gegebenenfalls Semmelbrösel zur besseren Bindung dazugeben. Danach Teig abstechen, Knödel formen und in Salzwasser gar ziehen lassen.

**Kräuterknödel:** Den Quark über Nacht abtropfen lassen oder in einem Nussmilchbeutel ausdrücken. Ca. 180 g Quarkmasse sollen übrig bleiben. Die Kräuter mit etwas Zitronensaft und einem Ei in einen Mixer füllen und fein pürieren. Die Kräutermasse zum Quark geben, vermischen und mit dem Knödelbrot vermengen. Schalotten in der Butter anschwitzen und ebenfalls unter die Knödelmasse mischen. Mit Salz, Pfeffer und einer Prise Zucker abschmecken. Die abgedeckte Knödelmasse eine Stunde kühl stellen. Danach Teig abstechen, Knödel formen und in Salzwasser gar ziehen lassen. Sobald die Knödel an die Wasseroberfläche steigen, sind sie fertig.

### Walnussknödel:

300 g Roggenbrot, vom Vortag
2 TL Korianderkörner
1 TL Fenchelsamen
50 g Zwiebeln, fein gehackt
20 g Butter
250 ml Milch
10 g Liebstöckel, fein gehackt
15 g Petersilie, fein gehackt
200 g Walnusskerne
70 g Bergkäse, würzig, gerieben
30 g Frischkäse
2 Eier
Salz, Pfeffer, Muskat
(Zutaten für ca. 6 Knödel)

### Zwiebelmarmelade:

300 g rote Zwiebeln
40 g Butter
10 g Zucker
1 Liter Cranberrysaft
3 Lorbeerblätter
1 Zweig Rosmarin
etwas Liebstöckel
1 TL Korianderkörner
Salz, Zucker

### Käsesoße:

200 ml Sahne
200 ml Milch
150 g kräftiger Bergkäse
30 g Parmesan
etwas Zitronenabrieb
Salz, Pfeffer, Muskat

### Krautsalat mit Fenchel:

ca. 80 % Spitzkohl, gehobelt
ca. 20 % Fenchel, gehobelt
1 Karotte, in Stifte geschnitten
1 Apfel, in Stifte geschnitten
Ein paar Weintrauben
Zucker, Salz, Pfeffer
etwas Zitronenabrieb
etwas Zitronensaft
Olivenöl, fruchtig mild

**Walnussknödel:** Vom Roggenbrot die Rinde abschneiden und in einem Mixer fein pürieren. Das restliche Roggenbrot in kleine Würfel schneiden und mit den Bröseln vermengen. Die Korianderkörner und Fenchelsamen in einem Mörser grob zerkleinern und in einer Pfanne leicht erhitzen, bis sie zu duften beginnen. Die Zwiebeln in Butter farblos anschwitzen, mit der Milch aufgießen, aufkochen und zusammen mit den Kräutern zu den Brotwürfeln geben. Die Walnusskerne in einer Pfanne bei mittlerer Hitze rösten. 70 g davon im Mixer fein mahlen. Die restlichen Walnusskerne fein hacken. Gemahlene und gehackte Walnüsse, die beiden Käsesorten und Eier mit den Brotwürfeln gut vermengen, mit Salz, Pfeffer und Muskat würzig abschmecken. Die abgedeckte Knödelmasse 1 Stunde kühl stellen. Danach Teig abstechen, Knödel formen und in Salzwasser gar ziehen lassen. Sobald die Knödel an die Wasseroberfläche steigen, sind sie fertig.

**Zwiebelmarmelade:** Die Zwiebeln klein schneiden. Butter und Zucker in einem Topf aufschäumen und etwas karamellisieren lassen. Zwiebeln darin anschwitzen und restliche Zutaten in den Topf geben. Flüssigkeit verkochen lassen – die Zwiebeln sollen nur noch knapp bedeckt sein. Rosmarin und Liebstöckel herausnehmen. Alles zusammen in einem Mixer fein pürieren, mit Salz und Zucker abschmecken.

**Käsesoße:** Sahne und Milch in einem Topf aufkochen, die beiden geriebenen Käsesorten und Zitronenabrieb dazugeben und aufkochen lassen. Mit Salz, Pfeffer und Muskat würzen. Köcheln lassen, bis der Käse geschmolzen ist. Dabei ständig rühren, damit sich der Käse nicht am Topfboden anlegt.

**Krautsalat mit Fenchel:** Spitzkohl, Fenchel, Karotten, Apfel und Weintrauben in eine Schüssel füllen, mit Zucker und Salz marinieren und ziehen lassen, bis Saft austritt. Mit Zitronenabrieb, etwas Zitronensaft, Pfeffer und Olivenöl abschmecken.

**Anrichten:**
Krautsalat, Käsesoße und Zwiebelmarmelade auf einem Teller anrichten und Knödel darauf setzen. Eventuell noch Tomatenstücke, die in etwas brauner Butter geschwenkt wurden, und Blaukrautsalat (Zubereitung wie Kraut-Fenchelsalat) zu den Knödeln reichen.

# Selchfleischknödel

## Knödelteig:

600 g Kartoffeln, vorwiegend festkochend, gekocht und geschält
200 g Mehl, griffig (Wiener Grießler)
20 g Kartoffelstärke
1 Eigelb
50 g Semmelbrösel
Salz, Pfeffer, Muskat

## Knödelfüllung:

300 g geräuchertes Schweinefleisch mit einem Fettanteil von ca. 20–30 %
3 Schalotten
40 g Butter
2 Knoblauchzehen, gehackt
10 g Salbei, gehackt
1 Eiweiß
Salz, Pfeffer
1–2 EL Olivenöl, fruchtig mild
(Zutaten für ca. 6 Knödel)

## Sauerkrautsalat:

400 g Sauerkraut, mild
1 Spitzpaprika, in feine Streifen geschnitten
Salz, Zucker
1 Apfel, säuerlich
etwas Schnittlauch
Honiggurken nach Geschmack (fertig aus Glas)
Silberzwiebeln, eingelegt (fertig aus Glas)
1–2 EL Akazienhonig
Olivenöl, fruchtig mild
Sonnenblumenöl
Kürbiskernöl

**Knödelteig:** Die Kartoffeln durch ein Sieb drücken. Mit Mehl, Kartoffelstärke, Eigelb, Semmelbrösel vermengen. Mit Salz, Pfeffer und Muskat würzig abschmecken und 1 Stunde kühl stellen.

**Knödelfüllung:** Das geräucherte Schweinefleisch in einem Topf mit reichlich Wasser ca. 45 Minuten kochen, herausnehmen und in sehr kleine Würfel schneiden. Die Schalotten ebenfalls in kleine Würfel schneiden. Die Butter in einer Pfanne aufschäumen, Zwiebeln und Knoblauch darin anschwitzen. Das Fleisch und den Salbei dazugeben und ebenfalls anschwitzen. Etwas abkühlen lassen und dann das Eiweiß untermischen. Mit Salz, Pfeffer und Olivenöl abschmecken. Kleine Kugeln formen und eine halbe Stunde ins Gefrierfach legen.

Von der Kartoffelmasse Teig abstechen und zu Knödeln drehen. Die Kugeln auf einem leicht bemehlten Schneidebrett flach drücken und je eine angefrorene Fleischkugel daraufsetzen. Den Kartoffelteig nach oben ziehen, verschließen und zu Knödeln formen. In gesalzenem Wasser gar ziehen lassen.

**Sauerkrautsalat:** Das Sauerkraut in einem Sieb mit warmen Wasser waschen und abtropfen lassen. Paprika mit Salz und Zucker 10 Min. marinieren. Den Apfel in feine Stifte schneiden, zusammen mit Paprika und Schnittlauch zum Kraut geben. Honiggurken und Silberzwiebeln klein schneiden und untermischen. Mit Akazienhonig, Olivenöl und Sonnenblumenöl abschmecken. Mit Kürbiskernöl anrichten.

# Pastinaken-Sesam-Knödel mit Möhren-Ingwer-Püree, Haselnuss-Gremolata und Balsamicozwiebeln

Pastinaken eignen sich hervorragend als Grundlage für Knödel. Deren intensiven Geschmack verstärken wir und erweitern das Aromenspektrum mit Sojasoße und Ahornsirup. Röstaromen kommen durch das Schmoren im Backofen hinzu. Zusammen mit etwas Ricotta entsteht daraus ein vollmundig leckerer Knödel, der als Krönung in geröstetem Sesam gewälzt wird. Perfekt dazu harmonieren ein Möhren-Ingwer-Püree, das eine gewisse Fruchtigkeit durch mildes Olivenöl erhält, eine Haselnuss-Gremolata und Basamicozwiebeln. Man kann gerne noch die Zwiebelreduktion aus Balsamico und Portwein dazu reichen – sie passt perfekt. Eine neue Knödelkreation, die Sie unbedingt mal probieren sollten.

## Sie brauchen dazu:

### Pastinaken-Sesam-Knödel:

400 g Pastinaken
2 EL Sojasoße
2 EL Ahornsirup
4 EL Sonnenblumenöl
10 g Sesam, weiß
40 g Ricotta
1 Ei
60 g Knödelbrot
ca. 1 EL geröstetes Sesamöl
ca. 1 EL Sojasoße
Salz
ggf. 1–3 EL Semmelbrösel
(Zutaten für ca. 5 Knödel)

### Sesambrösel:

Sesam, weiß

**Pastinaken-Sesamknödel:** Die geschälten Pastinaken je nach Größe in Stücke schneiden und diese vierteln. In eine Auflaufform legen, mit Sojasoße, Ahornsirup, Sonnenblumenöl und Sesam marinieren und im vorgeheizten Backofen bei 200 Grad Ober- und Unterhitze ca. 40 Minuten schmoren. Danach alles herausnehmen und zusammen mit dem Ricotta in einem Mixer fein pürieren. Ei und Knödelbrot dazugeben und alles zu einer homogenen Masse vermengen. Mit geröstetem Sesamöl, Sojasoße und ggf. Salz würzig abschmecken und abgedeckt ca. 1 Stunde kalt stellen. Danach Teig abstechen, Knödel formen und einen Probeknödel in Salzwasser gar ziehen lassen. Falls die Masse zu weich erscheint, Semmelbrösel bis zur passenden Konsistenz dazugeben und die Knödel garen. Sobald die Knödel an die Wasseroberfläche steigen, sind sie fertig. Die Knödel mit einer Schaumkelle aus dem Wasser heben, etwas abtropfen lassen und in geröstetem Sesam wälzen.

**Sesambrösel:** Die Sesamkörner in einer Pfanne ohne Fett bei mittlerer Hitze rösten, bis sie eine schöne Farbe haben.

## Karotten-Ingwer-Püree:

300 g Karotten,
in kleine Würfel geschnitten
Salz
Zucker
ca. 100 ml Orangensaft, mild
10 g Ingwer
3 EL Ricotta
2 EL Olivenöl,
mild und fruchtig

## Balsamicozwiebeln:

20 g Butter
1 EL Honig
200 g rote Zwiebeln,
vierteln oder achteln,
je nach Größe
Salz
4 EL Balsamico, dunkel
50 ml Portwein, rot

## Haselnuss-Gremolata:

40 g Haselnüsse
30 g Petersilie
10 g Thymian
½ Zitrone, Abrieb
etwas Zitronensaft
2 EL Olivenöl, mild fruchtig
4 EL Leinöl
Sonnenblumenöl,
nach Geschmack für eine
cremige Konsistenz
Salz
Zucker

## Außerdem:

Johannisbeertomaten
oder eine andere Tomatensorte,
klein geschnitten

**Karotten-Ingwer-Püree:** Die Karottenwürfel in einen Topf füllen und mit Salz und Zucker marinieren. Ca. 10 Minuten stehen lassen, bis sich Flüssigkeit bildet. Mit Orangensaft und Ingwer auffüllen, aufkochen und bei geschlossenem Deckel ca. 15 Minuten köcheln lassen, bis die Karotten weich sind. Nach 10 Minuten den Deckel abnehmen und etwas einkochen lassen. Danach in einen Mixer füllen, Ricotta und Olivenöl dazugeben und alles fein pürieren. Nochmals mit Salz und Zucker abschmecken.

**Balsamicozwiebeln:** Die Butter und den Honig in einer Pfanne aufschäumen und die Zwiebeln darin ein paar Minuten bei mittlerer Hitze anbraten und mit Salz würzen. Dabei hin und wieder umrühren. Die Zwiebeln mit Balsamico und Portwein ablöschen und bei mittlerer Temperatur weitere 5 Minuten durchziehen und etwas einkochen lassen. Dabei immer wieder umrühren. Eventuell noch mit etwas Honig abschmecken. Die Reduktion beim Anrichten über die Zwiebeln gießen.

**Haselnuss-Gremolata:** Die Haselnüsse in einer Pfanne ohne Fett bei mittlerer Temperatur leicht rösten und danach grob zerkleinern. Die Petersilie und den Thymian fein hacken und zusammen mit den Ölen, Zitronenabrieb und -saft zu den Haselnüssen geben und alles vermengen. Mit Salz und Zucker abschmecken.

**Anrichten:**
Etwas vom Karotten-Ingwerpüree auf den Teller streichen. Einen Pastinaken-Sesam-Knödel dazu legen und die Balsamicozwiebeln anrichten. Eventuell mit der Balsamicoreduktion beträufeln. Haselnuss-Gremolata dazugeben und mit Johannisbeertomaten oder Tomatenwürfeln garnieren.

# Hackfleischknödel

### Tomatensugo:

Olivenöl
1 Zwiebel, fein gehackt
3 Knoblauchzehen, gehackt
2 Esslöffel Tomatenmark
660 g Tomaten aus der Dose
600 ml Gemüsefond
200 ml Rotwein
1 Lorbeerblatt
½ Chili, gehackt
Zucker, Salz, Pfeffer
2 EL Parmesan
3 EL Kräuter: Rosmarin, Oregano, Thymian, gehackt

### Hackfleischknödel:

30 g Butter
100 g Toastbrot, gewürfelt
Olivenöl
1 Zwiebel, fein gehackt
2 Knoblauchzehen, gehackt
Salz, Pfeffer, Kreuzkümmel, Paprika, Muskat
1 EL Zitronenabrieb
1 EL Oregano, gehackt
500 g Hackfleisch, gemischt
1 EL Semmelbrösel
1 Ei
Sonnenblumenöl zum Braten
(ergibt ca. 10–12 Knödel)

### Tagliatelle:

500g Tagliatelle
Topf mit Nudelwasser
Salz und geriebener Parmesan
Basilikumblätter zum Garnieren

**Tomatensugo**: Die Zwiebel und den Knoblauch in einem Topf in Olivenöl glasig dünsten. Das Tomatenmark unterrühren und anrösten. Die Tomaten, den Gemüsefond und den Rotwein zu den Zwiebeln in den Topf füllen und alles gut verrühren. Ebenfalls das Lorbeerblatt und gehackte Chili in die Soße geben und mit Zucker, Salz und Pfeffer abschmecken. Den Sugo ca. 1,5 Stunden bei kleiner Hitze köcheln lassen. Immer wieder mal umrühren, damit nichts anbrennt. Falls er zu flüssig erscheint, einkochen lassen. Zum Schluss den Parmesan, die gehackten Kräuter zugeben und nochmal würzig abschmecken. Die Hitze reduzieren und die Knödel nach Fertigstellung in den Tomatensugo legen und darin ziehen lassen.

**Hackfleischknödel**: Die Butter in einer Pfanne aufschäumen, die Toastbrotwürfel darin anrösten. Das Brot herausnehmen und das Olivenöl in der Pfanne erhitzen. Zwiebel und Knoblauch darin anschwitzen. Gewürze, Zitrone und Oregano untermischen. Die Masse zu den Toastbrotwürfeln in die Schüssel geben und abkühlen lassen. Hackfleisch und Semmelbrösel mit der Brot-Zwiebelmischung vermengen. Das Ei untermischen. Kleine Knödel formen und in Sonnenblumenöl von allen Seiten bei mittlerer Hitze anbraten und in der Sugo gar ziehen lassen.

**Tagliatelle**: Das Nudelwasser aufsetzen und mit Salz würzen, die Pasta im kochenden Wasser al dente kochen und abseihen.

# Schinkenknödel mit Rahmlauch, Egerlingen und Rote-Bete-Soße

Schinkenknödel sind im eigentlichen Sinne Knödelklassiker. Unsere sind würziger, da wir mit zwei Käsesorten gearbeitet haben, aber lange nicht so deftig wie Speckknödel. Man kann sie auch klassisch mit Parmesan, brauner Butter und Salat genießen. Wir möchten Ihnen eine neue Variante ans Herz legen, die unseres Erachtens hervorragend schmeckt. Als Beilagen empfehlen wir Ihnen Rahmlauch, gebratene Egerlinge und eine vollmundige Rote-Bete-Soße. Guten Appetit.

## Sie brauchen dazu:

### Schinkenknödel:

35 g Butter
200 g Schinkenwürfel
40 g Zwiebeln, fein gehackt
20 g Petersilie, fein gehackt
250 ml Milch
Salz
Pfeffer
Muskat
150 g Knödelbrot
1 Ei
60 g Bergkäse, gerieben
40 g Parmesan, gerieben
3–4 EL Semmelbrösel
(Zutaten für ca. 6 Knödel)

### Rahmlauch:

250 g Lauch, das Grüne, längs wie Nudeln geschnitten
60 g Butter
100 g Egerlinge, in kleine Würfel geschnitten
200 g Lauch, das Weiße, längs wie Nudeln geschnitten
etwas Thymian, gehackt
50 ml Weißwein
Salz
Zucker
Pfeffer
60 g Frischkäse
100 ml Sahne

**Schinkenknödel:** Die Butter in einer Pfanne aufschäumen. Die Zwiebeln und Schinkenwürfel darin ein paar Minuten bei mittlerer Hitze anbraten. Die Petersilie untermischen, kurz mitbraten und mit Milch aufgießen. Gleich mit Salz, Pfeffer und Muskat würzen. Alles zusammen über das Knödelbrot gießen, das Ei und die beiden Käsesorten dazugeben und alles zu einer homogenen Masse vermengen. Mit Salz, Pfeffer und Muskat nochmals würzig abschmecken. Die abgedeckte Knödelmasse 1 Stunde kühl stellen. Danach Teig abstechen, Knödel formen und einen Probeknödel in Salzwasser gar ziehen lassen. Falls die Masse zu weich erscheint, Semmelbrösel bis zur passenden Konsistenz dazugeben und die Knödel garen. Sobald die Knödel an die Wasseroberfläche steigen, sind sie fertig.

**Rahmlauch:** Den grünen Lauch ein paar Minuten in Salzwasser blanchieren, in einem Sieb abseihen, mit kaltem Wasser abkühlen und abtropfen lassen. Die Butter in einer Pfanne aufschäumen, die Egerlingwürfel darin anbraten, den weißen Lauch und den Thymian dazugeben und farblos anschwitzen. Mit ca. 100 ml Wasser und 50 ml Weißwein aufgießen und einkochen lassen. Mit Salz, Pfeffer und Zucker würzen. Frischkäse und Sahne einrühren und 10 Minuten leicht köcheln. Zum Schluss den grünen Lauch unterheben und einmal aufkochen. So erhält der Rahmlauch eine schöne grüne Farbe. Nochmals mit Salz, Zucker und Pfeffer abschmecken.

## Rote-Bete-Soße:

500 g Rote Bete, gegart
4 Schalotten, geviertelt
1 TL Kümmel
1 TL Korianderkörner
1 TL Fenchelsamen
30 g Butter
einen Schuss Apfelessig
80 g Birnenwürfel, ohne Schale
Salz
Zucker
Pfeffer

**Rote-Bete-Soße:** Die Rote Bete in kleinere Würfel schneiden und mit der Flüssigkeit aus der Verpackung in einen Topf füllen. Sämtliche Zutaten dazugeben und den Topf mit ca. 250 ml Wasser auffüllen. Bei kleiner Hitze und geschlossenem Deckel ca. 20 Minuten köcheln lassen. Alles zusammen in einen Mixer füllen und fein pürieren. Mit Salz, Zucker und Pfeffer abschmecken.

Man kann aus dieser Soße auch ein Püree machen. Einfach die Flüssigkeit immer weiter reduzieren bis zu einer püreeartigen Konsistenz.

## Egerlinge:

etwas Butter
Egerlinge, nach Geschmack
Salz

**Egerlinge:** Die Egerlinge je nach Größe halbieren oder vierteln. Butter in einer Pfanne aufschäumen und die Egerlinge darin anbraten. Mit Salz würzen.

**Anrichten:**
Einen Schinkenknödel mit Rahmlauch, Rote-Bete-Soße und den gebratenen Egerlingen anrichten.

# Strangolapreti (Priesterwürger)

**Knödelteig:**
500 g Spinat
2 Eier
130 g Pecorino, gerieben
50 ml Olivenöl, fruchtig mild
130 g Knödelbrot, klein geschnitten
30 g Mehl (Wiener Grießler)
40 g Semmelbrösel
Salz
Pfeffer
Muskat
(Zutaten für ca. 6–8 Knödel)

**Käsesoße:**
20 g Butter
10 g Mehl
400 ml Milch
70 g Taleggio (würziger italienischer Weichkäse)
25 g Bergkäse
etwas Zitronensaft
Salz
Pfeffer
Muskat
Zucker

Diese Knödel galten schon während des Konzils von Trient im 16. Jahrhundert als Lieblingsgericht der Geistlichkeit.

**Knödelteig**: Den gewaschenen Spinat für 30 Sekunden bis 1 Minute in gesalzenem, kochendem Wasser blanchieren. Mit kaltem Wasser abschrecken, gut ausdrücken und fein hacken. Die anderen Zutaten hinzufügen und alles gut vermengen. Mit Salz, Pfeffer und Muskat würzig abschmecken. Die abgedeckte Knödelmasse 1 Stunde kühl stellen. Danach Teig abstechen, Knödel formen und einen Probeknödel in Salzwasser gar ziehen lassen. Falls die Masse zu weich erscheint, Semmelbrösel bis zur passenden Konsistenz dazugeben und die Knödel garen. Sobald die Knödel an die Wasseroberfläche steigen, sind sie fertig.

**Käsesoße**: Die Butter in einem Topf erhitzen und leicht braun werden lassen. Das Mehl einstreuen und ein paar Minuten rösten. Mit der Milch aufgießen und aufkochen lassen. Die beiden Käsesorten in der Milch schmelzen lassen. Etwas Zitronensaft dazugeben und mit Salz, Pfeffer, Muskat und Zucker abschmecken. Eventuell mit etwas geriebenem Pecorino bestreuen. Man kann das Gericht auch klassisch mit brauner Butter, Salat und Salbei servieren.

# Asiatische Chickenknödel mit Paprika-Rettichsalat und Erdnuss-Soße

Bei diesen Knödeln spielen asiatische Aromen die Hauptrolle. Jeder, der die asiatische Küche mit Thai-Einschlag schätzt, wird auch diese Knödel mögen. Als Beilage zu den Knödeln gibt es einen würzigen Paprika-Rettichsalat und eine Satésoße, die im Wesentlichen auf Erdnüssen beruht.
Einen kulinarischen Frischekick erhält das Gericht durch eine Art Thaipesto. Dabei werden italienische Aromen mit Thaiaromen zusammengebracht, sie ergänzen sich perfekt! Garniert wird das Gericht mit gerösteten Erdnüssen. Knödel mal ganz anders – superlecker – einfach Knödellust pur.

## Sie brauchen dazu:

### Chickenknödel:

500 g Hähnchenbrust (sehr kalt)
15 g Ingwer
2 EL Sahne
10 g rote Currypaste
1 große Koblauchzehe
½ TL Madrascurry
1 Ei
1 EL Fischsoße
60 g Frühlingslauch
(nur das Grüne)
4 EL gerösteter Sesam
Salz
Pfeffer
1–2 EL Semmelbrösel
(Zutaten für ca. 8–9 Knödel)

**Füllung:**
Hähnchenkeulenfleisch
aus der Erdnuss-Soße
Salz
Pfeffer
1 EL süße Chilisoße
etwas Koriander

ca. 0,5 l Sonnenblumenöl
zum Frittieren

**Chickenknödel:** Die Hähnchenbrust in kleine Stücke schneiden. Zusammen mit Ingwer, Sahne, roter Currypaste, Knoblauch, Madrascurry, Ei und Fischsoße in den Mixer geben und fein pürieren. In einen Topf umfüllen. Fein gehackten Frühlingslauch und Sesam dazugeben und mit Salz und Pfeffer abschmecken. Falls der Teig zu weich ist, etwas Semmelbrösel untermischen.
Teig abstechen, kleine Knödel formen und flach drücken.

**Füllung:** Hähnchenkeulen aus der fertigen Erdnusssoße (siehe Seite 58) nehmen und das Fleisch vom Knochen lösen. Fein hacken, etwas salzen und pfeffern, in einer Pfanne scharf anbraten, mit etwas Chilisoße würzen und gehackten Koriander unterheben. Abkühlen lassen und Knödel mit der Masse füllen.

Sonnenblumenöl erhitzen, Öl aber nicht zu heiß werden lassen. Sobald man die Knödel in das Öl hineingibt, sollte es nur leicht sprudeln. Knödel so lange im Öl lassen, bis sie eine schöne Farbe haben und durchgebacken sind. Garprobe machen! Falls die Knödel noch nicht fertig sind, nochmals ins Öl geben und weiterbacken. Knödel aus dem Öl nehmen und auf Krepp etwas abtropfen lassen.

## Paprika-Rettichsalat:

Rote, grüne und gelbe Paprika
etwa gleich viel weißer Rettich
1 Mango
etwas Frühlingslauch, das Grüne
1 EL Rohrzucker
1 TL Salz
1 Limette, Saft und Abrieb
1 EL Fischsoße
1 EL helle Sojasoße
3 EL chinesischer Süßwein (Asialaden)
1 EL süße Chilisoße
½ TL geriebener Ingwer
100 ml Wasser
1 EL Sonnenblumenöl
ein paar Tropfen geröstetes Sesamöl

## Erdnuss-Soße:

2 Hähnchenkeulen
100 g Zwiebel
2 Knoblauchzehen
50 g Lauchabschnitte, das Grüne
2 Scheiben Ingwer
2 EL Rohrzucker
100 g Egerlinge
50 g Knollensellerie
200 ml Weißwein
einige Petersilienstängel
2 Kaffirlimettenblätter (Asiashop)
1 Lorbeerblatt
3 EL Sojasoße, hell
2 EL Fischsoße
300 ml Kokosmilch
100 g geröstete Erdnüsse
Salz
Zucker
etwas Chili

## Thaipesto:

siehe Seite 81

**Paprika-Rettichsalat:** Paprika, Rettich und Mango in längliche, ca. 5 bis 6 cm lange, feine Stifte und den Lauch in feine Ringe schneiden. Alles zusammen in eine Schüssel füllen. Mit 1 EL Rohrzucker und 1 TL Salz gut vermischen. 10 Minuten ziehen lassen, bis Flüssigkeit austritt. Alle restlichen Zutaten zur Paprika-Rettichmischung geben und würzig abschmecken.
Salat etwas ziehen lassen.

**Erdnuss-Soße:** Die Hähnchenkeulen in einem Topf rundum anbraten. Zwiebeln, Knoblauch, Lauch und Ingwer klein schneiden. Mit dem Rohrzucker, den Egerlingen und dem Knollensellerie zu den Hähnchenkeulen in die Pfanne geben und mitschmoren lassen, bis die Zwiebeln leicht braun sind. Mit Weißwein aufgießen und komplett einreduzieren lassen. Petersilienstängel, Kaffirlimettenblätter, Lorbeerblatt, Sojasoße, Fischsoße und Kokosmilch dazugeben und mit eiskaltem Wasser aufgießen, bis alles knapp bedeckt ist.
Ca. 1 Stunde ohne Topfdeckel leicht köcheln lassen. Flüssigkeit abseihen, gut ausdrücken und etwas einkochen lassen. Soße zusammen mit gerösteten Erdnüssen in einem Mixer fein pürieren, bis eine homogene Bindung entsteht. Falls die Soße zu dünn ist, einfach noch etwas einkochen lassen.
Dabei ständig rühren, damit sie nicht anbrennt.
Mit Salz, Zucker und Chili abschmecken.

**Anrichten:**
Paprika-Rettich-Salat auf einen Teller anrichten. Chickenknödel auf den Salat setzen. Erdnuss-Soße angießen und rundum verteilen. Mit gerösteten und klein gehackten Erdnüssen, Thaipesto und Koriander garnieren.

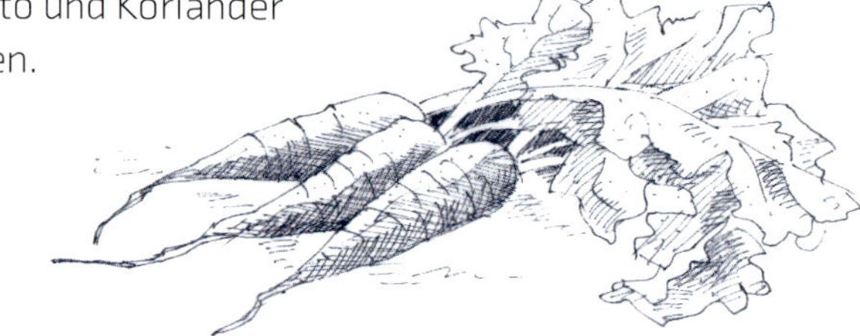

# Käseknödel mit Salat

### Käseknödel:

100 g Bergkäse
2 Eier
25 ml Olivenöl, mild fruchtig
50 g Frischkäse
130 g Knödelbrot
10 g Schnittlauch
20 g Semmelbrösel
Salz
Pfeffer
Muskat
(Zutaten für ca. 4–5 Knödel)

### Salatsoße:

50 ml Traubenkernöl,
60 ml weißer Balsamico,
etwas Zucker
Salz
1 EL Dijonsenf
Pfeffer
1 TL Salz
Salat nach Wahl

### Zusätzlich:

etwas Butter
Bergkäse, gerieben
etwas Schnittlauch, geschnitten

**Käseknödel:** Den Bergkäse reiben und mit Eiern, Olivenöl und Frischkäse vermengen. Das Knödelbrot klein schneiden und den ebenfalls klein geschnittenen Schnittlauch und die Semmelbrösel unterheben, bis ein homogener Teig entstanden ist. Mit Salz, Pfeffer und Muskat würzig abschmecken. Die abgedeckte Knödelmasse 1 Stunde kühl stellen. Danach Teig abstechen, Knödel formen und einen Probeknödel in Salzwasser gar ziehen lassen. Falls die Masse zu weich erscheint, Semmelbrösel bis zur passenden Konsistenz dazugeben und die Knödel garen. Sobald die Knödel an die Wasseroberfläche steigen, sind sie fertig.

**Salat:** Alle Komponenten miteinander verrühren, bis eine cremige Bindung entstanden ist und zum Beispiel Romanasalat, Kopfsalat, Römersalat oder andere Salatsorten damit marinieren. Mit ein paar Radieschenscheiben ganieren.

Butter in einem Topf erhitzen, bis sie hellbraun wird und nussig riecht. Knödel und Salat anrichten. Braune Butter über Knödel geben und mit geriebenem Bergkäse bestreuen. Mit Schnittlauch dekorieren.

# Asia-Germknödel mit gebratenem Schweinebauch, Blaukrautsalat und Thaipesto

In Asien bekommt man gedämpfte Hefebrötchen mit Schweinefleischfüllung als Streetfood. Wir machen daraus Germknödel. Dazu gibt es einen asiatisch angemachten Blaukrautsalat. Dieser ergänzt das aromatisch gebratene Schweinefleisch im Knödel. Wir haben Schweinebauch als Füllung genommen, Schweinehals ginge genauso. Aus dem Kochfond des Schweinebauches entsteht dabei die Soße. Die übrig gebliebene Soße keinesfalls wegschütten, sondern einfrieren und zum Aufgießen für einen klassischen Schweinebraten verwenden. Damit wird die Soße gleich um eine Klasse besser. Zusätzlich kommt hier fruchtiges Thaipesto zum Gericht und ergänzt das Aromenspiel ganz wunderbar. Das ist Knödelglück pur und macht Lust auf mehr – der Aufwand lohnt sich.

## Sie brauchen dazu:

### Blaukrautsalat:

½ Kopf Blaukraut
1 EL Salz
2 EL Zucker
2 Stangen Staudensellerie
1 Karotte
50 g Frühlingslauch, das Grüne
1 rote Paprika
100 g Zuckerschoten
25 g Petersilie
25 g Koriander
1 TL Ingwer
1 Knoblauchzehe
1 Limette, Saft und Abrieb
1 ½ Orangen, Saft und Abrieb
1 EL Fischsoße
1 EL Teriyakisoße
2 EL Süße Chilisoße
2 EL Sojasoße, hell
3 EL Rohrzucker
1 EL Sesamöl
2 EL Sonnenblumenöl
100 ml Wasser

**Blaukrautsalat:** Das Blaukraut fein hobeln und in eine Schüssel füllen. Mit 1 EL Salz und 2 EL Zucker gut durchmischen und für eine Viertelstunde ziehen lassen, bis sich Flüssigkeit bildet. Die Staudenselleriestangen, die Karotte, den Frühlingslauch, die Paprika und die Zuckerschoten jeweils in feine Stifte schneiden und unterheben. Die Kräuter ebenfalls klein schneiden und zum Blaukraut geben. Den Ingwer reiben, den Knoblauch fein hacken, zusammen mit dem Limetten- und Orangensaft sowie deren Abrieb unter das Blaukraut mischen. Jetzt die Fisch-, Teriyaki-, Chili- und Sojasoße, den Rohrzucker, die beide Öle und das Wasser zum Blaukraut geben. Alles gut vermengen und abschmecken. Den asiatischen Blaukrautsalat am besten ein oder zwei Stunden ziehen lassen und dann nochmals abschmecken.

## Germknödelteig:

15 g Hefe
200 ml Wasser
400 g Mehl 405
3 g Salz
4 EL Sonnenblumenöl

## Knödelfüllung und Soße:

**Soßenfond:**
ca. 600 g Schweinebauch oder Schweinehals
200 g Zwiebeln
3 Knoblauchzehen
1 TL Pfefferkörner
etwas Piment d'Espelette
5 EL Sojasoße, hell
1 TL Korianderkörner
3 EL Fischsoße
3 EL Teriyakisoße
2 EL geröstetes Sesamöl
2 TL Five Spicepowder (Asiagewürz)
1 TL Salz
3 TL Rohrzucker
2 Scheiben Limette
3 Scheiben Ingwer
4 Egerlinge

**Knödelfüllung:**
das gekochte Schweinefleisch vom Soßenfond
Salz
Pfeffer
30 g Lauch, das Grüne
2 Knoblauchzehen
2 EL Sonnenblumenöl
15 g gehackte Erdnüsse
3 EL süße Chilisoße
1 EL Teriyakisoße
Etwas geröstetes Sesamöl
2–3 EL Semmelbrösel

**Germknödelteig**: Hefe zerbröseln und mit dem Wasser in einer Schüssel verrühren. 10 Minuten stehen lassen. Mit Mehl, Salz und Öl verkneten. 1 Stunde an einem warmen Ort abgedeckt gehen lassen. Den Hefeteig auf einer bemehlten Fläche auf ca. 1,5 bis 2 cm Stärke ausrollen und Kreise mit ca. 10 cm Durchmesser ausstechen. Auf jeden Kreis etwas von der Fleischfüllung legen und zu Knödeln formen. Die fertigen Knödel auf ein mit Backpapier belegtes Backblech setzen, mit einem Tuch abdecken und nochmals an einem warmen Ort 15 Minuten gehen lassen. Die Knödel bei 90 Grad im Dampfbackofen ca. 25 Minuten dämpfen. Alternativ im Backofen garen – dazu eine Schüssel mit kochendem Wasser in den Ofen stellen.

**Soßenfond:** Vom Schweinebauch die Schwarte entfernen, das Fleisch in vier Teile schneiden und mit allen Zutaten in einen Topf füllen. So viel Wasser dazugeben, bis das Fleisch bedeckt ist. Einen Deckel auf den Topf setzen und das Fleisch ca. 45 Minuten simmern lassen. Das Fleisch in der Flüssigkeit abkühlen und am besten über Nacht im Kühlschrank ziehen lassen. Am anderen Tag das Fleisch aus der Flüssigkeit nehmen und abtupfen. Die Flüssigkeit durch ein Sieb gießen und in einem Topf auf die gewünschte Konsistenz einkochen lassen und als Soße verwenden. Den Rest der Soße einfrieren.

**Knödelfüllung:** Das Schweinefleisch in ca. 5 mm große Würfel schneiden, salzen und pfeffern. Den Lauch und den Knoblauch fein würfeln. Sonnenblumenöl in einer Pfanne erhitzen. Die Fleischwürfel darin anbraten. Knoblauch, Lauch und Erdnüsse dazugeben und ein paar Minuten mitschmoren. Chilisoße, Teriyakisoße und etwas Sesamöl untermischen. Mit den Semmelbröseln die Flüssigkeit binden und die Füllung abschmecken. Aus der Pfanne nehmen und abkühlen lassen.

KNÖDEL LUST
›herzhaft‹

## Thaipesto:

30 g Thaibasilikum
30 g Koriander
15 g Ingwer
35 g Parmesan
1 Limette, Saft und Abrieb
1 EL Rohrzucker
3 EL geröstetes Sesamöl
3 EL Sonnenblumenöl
2 EL Süßwein
(Asialaden)
Salz
Pfeffer

## Zusätzlich:

Erdnüsse, gehackt
Koriander, gehackt
etwas süße Chilisoße

**Thaipesto:** Thaibasilikum, Koriander, Ingwer und Parmesan in einem Mixer pürieren. Limettenabrieb und -saft, Rohrzucker, Sesamöl, Sonnenblumenöl und Süßwein ebenfalls dazugeben und aufmixen. Mit Salz und Pfeffer abschmecken.

**Anrichten:**
Blaukrautsalat auf einen Teller anrichten und Knödel darauflegen. Soße angießen, Thaipesto und etwas Chilisoße dazugeben. Mit Koriander und Erdnüssen garnieren.

# Sesam-Brezenknödelsticks mit gebeiztem Wildlachs, Avocado, Curry und Apfel

Knödel next step! Unter diesem Motto könnte diese Knödelkreation stehen. Die Basis ist ein asiatisch angehauchter Brezenknödelteig, den man zu einem Serviettenknödel verarbeitet (Seite 14). Diesen lässt man nach dem Garen auskühlen, schneidet ihn in längliche Sticks und frittiert diese zusammen mit Sesamkörnern. Dazu passt ein aisiatisch gebeizter Lachs, eine Wasabi-Avocadocreme und eine leckere Currysoße. Ergänzt und abgerundet wird das Gericht mit einem Apfel-Selleriesalat und einem leicht scharfen Mangopüree. Wer keinen Lachs mag, lässt ihn einfach weg. Die Kombination schmeckt auch ohne Fisch ganz hervorragend.

## Sie brauchen dazu:

### Gebeizter Wildlachs:

1 EL gemörserte Korianderkörner
1 EL gemörserte Fenchelsamen
ca. 500 g Wildlachs ohne Haut
50 g grobes Meersalz
50 g brauner Rohrzucker
3 Stangen Zitronengras
8 Kaffirlimettenblätter (Asiashop)
1 TL Madrascurry
50 g geriebenen Ingwer
1 Knoblauchzehe

1 Limette, Abrieb und Saft
1 Orange, Abrieb
2 Orangen, Saft
4 EL Fischsoße

### Wasabi-Avocadocreme:

2 Avocados
2 Limetten, Saft
3 EL Olivenöl
Wasabipaste nach Geschmack
Salz, Zucker

**Gebeizter Wildlachs:** Lachs selbst beizen ist kein Hexenwerk. Mit dieser asiatisch angehauchten Beize schmeckt er hervorragend. Dazu braucht man eine passende Schale, worin der Fisch gebeizt werden kann.
Zuerst Korianderkörner und Fenchelsamen in einer Pfanne leicht erwärmen, bis sie zu duften beginnen.
Aus der Pfanne nehmen, anmörsern und mit den anderen Gewürzen vermengen. Einen Teil der Gewürze in die Schale geben und den Lachs darauflegen.
Den anderen Teil der Gewürze über dem Lachs verteilen und etwas andrücken. Der Lachs soll komplett bedeckt sein, sowohl von oben als auch von unten. Limettensaft, -abrieb, Orangensaft, -abrieb und Fischsoße über den Lachs träufeln. Mit Frischhaltefolie abdecken und beschweren. Ca. 24 Stunden beizen lassen.
Nach ca. 12 Stunden den Fisch wenden. Der Lachs ist fertig, wenn er sich steif und deutlich fester anfühlt.
Den Lachs aus der Beize nehmen, die Gewürze abwaschen und entfernen. Mit etwas Olivenöl einreiben.

**Wasabi-Avocadocreme**: Die Avocados aufschneiden, das Fruchtfleisch zusammen mit Olivenöl, Limettensaft, der Wasabipaste, etwas Salz und Zucker in einem Mixer fein pürieren.

## Knödelsticks:

300 g Brezen vom Vortag
150 g Ricotta
2 Eier
20 g Frühlingslauch, das Grüne
15 g Estragon, Koriander und Zitronenverbene (oder Zitronenmelisse)
½ TL Kurkuma
½ TL Garam Masala (Altes Gewürzamt)
30 g braune Butter (siehe Seite 51)
Salz
Pfeffer

**Panade:**

2 Eier
2 EL Sahne
150 g weiße Sesamkörner (ergibt etwa 20 Sticks)
Frittieröl

## Currysoße:

3 EL Olivenöl
100 g Lauch, nur das Weiße
100 g weiße Zwiebeln
150 g weiße Champignons
150 g Kohlrabi
150 g Fenchel
2 Lorbeerblätter
2 EL Madrascurry
150 ml Noilly Prat
100 ml Weißwein
200 ml Sahne
150 ml Wasser
1 EL Fischsoße
1 TL scharfer Senf
1 EL Rohrzucker
1 EL Umami-Gewürz (Spiceworld)
½ TL Garam Masala (Altes Gewürzamt)
Salz, Pfeffer
30 g Butter

**Knödelsticks:** Die klein geschnittenen Brezen mit Ricotta und Eiern vermischen. Kräuter und Frühlingslauch klein hacken und zu den Brezen geben, ebenso die Gewürze und die Butter. Mit Salz und Pfeffer abschmecken. Teigmasse zu einer Rolle formen, in Frischhaltefolie einwickeln und die Enden gut verschließen. Die Teigrolle (man kann auch zwei Rollen daraus machen) jetzt in Alufolie einwickeln und die Enden fest verdrehen. Die Rolle in einen Topf mit köchelndem Wasser geben und zugedeckt ca. 40 Minuten ziehen lassen. Die Rollen aus dem Wasser nehmen, Folien entfernen und komplett erkalten lassen. Die Teigrollen längs in ca. 1 cm breite Streifen schneiden. Die Scheiben wiederum längs in Stiftform (Sticks) schneiden und etwas salzen.

**Panade:** Eier und Sahne in einen tiefen Teller geben und etwas verschlagen. Die Sesamkörner ebenfalls in einen tiefen Teller geben. Die Sticks zuerst durch die Eier-Sahne-Masse ziehen und dann in den Sesamkörnern wälzen. Frittieröl auf mittlerer Stufe erhitzen. Die Sticks nacheinander in das Öl legen und goldgelb backen. Aus dem Topf nehmen und auf Küchenkrepp abtropfen lassen.

**Currysoße:** Lauch und Zwiebeln klein schneiden und in einem Topf mit Olivenöl farblos anschwitzen. Klein geschnittene Champignons, Kohlrabi, Fenchel, Lorbeerblätter und Curry dazugeben. Mit Noilly Prat und Weißwein ablöschen und die Flüssigkeit nahezu komplett verkochen. Mit Sahne, Wasser und Fischsoße aufgießen und 5 bis 10 Minuten leicht köcheln lassen. Alles zusammen in einem Mixer fein pürieren und durch ein Sieb gießen. Die Masse mit einer Schöpfkelle ausdrücken und in einem Topf auffangen. Mit Senf, Rohrzucker, Umami, Garam Masala, Salz und Pfeffer abschmecken und die Soße mit Butter binden.

### Mangopüree:
1 reife Mango
etwas Zucker
etwas Salz
etwas Piment d'Espelette

### Apfel-Selleriesalat:
1 fruchtiger Apfel
¼ Sellerieknolle
Salz
Zucker
1 Limette, Saft und Abrieb
3 EL Wasser
2 EL fruchtiges nicht zu scharfes Olivenöl
etwas Koriander
2 EL vom Mangopüree

### Korianderöl:
½ Bund Koriander
100 ml Sonnenblumenöl
eine Prise Salz

**Mangopüree:** Die Mango schälen, zusammen mit dem Zucker, Salz und Piment d'Espelette in einem Mixer fein pürieren.

**Apfel-Selleriesalat:** Den Apfel und den geschälten Sellerie in längliche Stifte schneiden. Mit Salz und Zucker würzen. Gleich Limettensaft und -abrieb zugeben, damit sich Äpfel und Sellerie nicht verfärben. Wasser und Olivenöl zufügen und klein geschittenen Koriander unterheben.
Mit Mangopüree verfeinern.

**Korianderöl**: Alle Zutaten in einem Mixer fein pürieren und für ein paar Minuten auf ca. 85 Grad erwärmen.

**Anrichten:**
Avocadocreme auf den Teller streichen. Lachsstücke und Sesamsticks anrichten. Apfel-Selleriesalat dazugeben. Currysoße angießen und mit Mangopüree und Korianderöl auf dem Teller garnieren.

# Parmesan-Rosmarinknödel mit Steinpilzen, Auberginen-creme, Aprikosen und Pesto

Italienisch angehaucht sind diese feinwürzigen und aromatischen Parmesan-Rosmarinknödel, die perfekt mit den Steinpilzen und der Auberginencreme harmonieren. Frische Steinpilze sind ein Traum. Sanft gebraten in Butter, gewürzt mit Salz, Petersilie, Limettenabrieb und Knoblauch, sind sie ein Hochgenuss, den man am besten mit geschlossenen Augen genießt. Ergänzt wird diese Knödelkreation mit einer fruchtigen Komponente, die Frische hineinbringt. Aprikosen werden dazu in getrockneter und eingelegter Form verarbeitet und passen ganz hervorragend zum Gericht. Das geschmackliche i-Tüpfelchen ist Basilikumpesto. All das zusammen ist Knödellust pur! Unbedingt ausprobieren.

## Sie brauchen dazu:

### Auberginencreme:

450 g Auberginen
100 g roter Paprika
1 TL Salz
1 EL Zucker
100 g Zwiebeln
2 Knoblauchzehen
2 EL Olivenöl
100 g Steinpilzabschnitte oder Egerlinge
400 g Dosentomaten
200 ml Wasser
40 g Parmesan
Piment d'Espelette
Salz
Pfeffer

### Aprikosensoße:

5 getrocknete Aprikosen
1 Dose eingelegte Aprikosen in Birnensaft oder eigenem Saft
1 EL Crème fraîche
Piment d'Espelette
Salz
Zucker

**Auberginencreme:** Auberginen und Paprika in kleine Würfel schneiden und mit 1 TL Salz und 1 EL Zucker vermengen. 10 Minuten stehen lassen, bis sich Flüssigkeit bildet. Zwiebeln und Knoblauch klein hacken und in Olivenöl anbraten. Auberginen- und Paprikawürfel ausdrücken und zu den Zwiebeln in die Pfanne geben. Klein geschnittene Steinpilzabschnitte ebenfalls ein paar Minuten mitbraten. Mit den Dosentomaten und Wasser aufgießen und ca. 10 Minuten köcheln lassen. Den gesamten Inhalt der Pfanne in einen Mixer füllen, Parmesan untermischen und fein pürieren.
Mit Piment d'Espelette, Salz und Pfeffer abschmecken.

**Aprikosensoße:** 5 getrocknete, 10 halbe Aprikosen aus der Dose und 4 EL Saft in einen Mixer füllen. Zusammen mit Crème fraîche und den Gewürzen fein pürieren und abschmecken.

### Parmesan-Rosmarinknödel:

400 g Milch
500 g Maisgries
75 Butter
150 g Parmesan
Salz
Pfeffer
Muskat
10 g fein gehackter Rosmarin
1 Eigelb
2 EL Stärke

### Steinpilze:

10 g Petersilie
2 Knoblauchzehen
1 Limette, Abrieb
40 g Butter
ca. 800 g Steinpilze (Menge nach Wahl)
Salz
Pfeffer

### Basilikumpesto:

40 g Pinienkerne
50 g Basilikumblätter
70 g Parmesan
1 Knoblauchzehe
½ TL Salz
120 ml gutes, fruchtiges Olivenöl (z. B. Jordan)
½ Limette, Saft und Abrieb
1 Prise Zucker

### Zusätzlich:

Pinienkerne
getrocknete Aprikosen
Johannisbeertomaten oder klein geschnittene Cocktailtomaten
etwas Petersilie

**Parmesan-Rosmarinknödel:** Für die Knödel die Milch aufkochen, den Maisgries dazugeben und ca. 15 Minuten unter ständigem Rühren köcheln lassen. Danach Butter, Parmesan, Salz, Pfeffer, Muskat und Rosmarin untermischen. Die Masse etwas abkühlen lassen. Eigelb und Stärke einrühren. Die Masse für 2 bis 3 Stunden kühl stellen und ziehen lassen. Teig abstechen und zu Knödeln formen. Die Knödel in gesalzenem Wasser gar ziehen lassen.

**Steinpilze:** Die Petersilie und den Knoblauch klein schneiden, Limettenabrieb zur Petersilie geben und damit vermischen. Geputzte Steinpilze halbieren oder vierteln. Butter in einer Pfanne aufschäumen. Steinpilze hineingeben und bei mittlerer Hitze langsam braten. Mit der aromatisierten Petersilie vermengen. Steinpilze mit Salz und Pfeffer würzen.

**Basilikumpesto:** Die Pinienkerne in einer Pfanne leicht rösten. Zusammen mit allen anderen Zutaten in einem Mixer pürieren.

**Anrichten:**
Etwas von der Auberginencreme auf den Teller streichen. Einen Knödel dazu setzen und Steinpilze anrichten. Die Aprikosensoße dazugeben. Mit gerösteten Pinienkernen, Tomaten, ein paar getrockneten Aprikosen und klein geschnittener Petersilie garnieren. Das Basilikumpesto dazu reichen.

# Seidene Kartoffelknödel

## Knödelteig:

600 g gekochte Kartoffeln, vom Vortag
20 g Quark
1 Ei
30 g Kartoffelmehl
30 g Mehl
Salz
Pfeffer
Muskat
(Zutaten für ca. 4–6 Knödel)

**Für das Knödelwasser:**
1 EL Stärke für das Kochwasser
Salz

## Knödelgröstl:

Kartoffel-Knödelscheiben
etwas Butter zum Braten
½ Zwiebel
4 Scheiben Schinkenspeck
1–2 Eier
Salz
Pfeffer
Paprika
Petersilie

**Knödelteig:** Die Kartoffeln durch eine Kartoffelpresse drücken. Mit den anderen Zutaten vermischen und zu einem homogenen Knödelteig verarbeiten.
Von der Masse Teig abstechen und zu Knödeln formen.

Das Knödelwasser salzen und aufkochen. Die Stärke mit etwas kaltem Wasser verrühren und zum Knödelwasser geben. Die Knödel im Salzwasser ca. 15–20 Minuten gar ziehen lassen. Sie sind fertig, wenn sie nach oben steigen. Diese Knödel sind die perfekte Beilage für Schweinebraten, Rinderbraten und nahezu jeder Form von geschmortem Fleisch.

Falls Knödel übrig bleiben, kann man davon ein **Knödelgröstl** zubereiten. Dazu die Knödel in Scheiben schneiden, mit klein geschnittenen Zwiebeln und Schinkenspeck in einer Pfanne anbraten. Eier verrühren, mit Salz, Pfeffer und Paprika würzen, über die gebratenen Knödelscheiben geben und ausbacken. Mit Petersilie bestreuen.

# Tomatenknödel mit gebackenem Ziegenkäse, Rotweinschalotten und Kräutersoße

Die Grundlage für diesen Knödel sind gute, geschmackvolle Rispentomaten oder aromatische, alte Sorten. Verstärkt und ergänzt wird das Tomatenaroma durch das Antrocknen der Tomaten im Backofen bei 85 Grad – Kräuter, Knoblauch, Olivenöl und Gewürze kommen hinzu. Dabei entsteht nach drei Stunden im Backofen eine duftende Mixtur aus vielfältigen mediterranen Aromen, die ganz wunderbar harmonieren. Alles zusammen kommt in einen Mixer und bildet die Basis für den Knödelteig. Gebackener Ziegenkäse und leicht süße Rotwein-Balsamico-Schalotten sind perfekte Mitspieler auf dem Teller und werden hofiert von einem frischen Kräutersößchen und einer Rotwein-Balsamico-Reduktion. Guten Appetit!

## Sie brauchen dazu:

### Rotwein-Balsamico-Schalotten:

35 g Butter
ca. 6–8 Schalotten, je nach Größe
35 g brauner Rohrzucker
3 EL Balsamico
300 ml guter Rotwein
1 Lorbeerblatt
3 Salbeiblätter
2 EL Wildpreiselbeeren
etwas Speisestärke
Salz

### Frittierte Ziegenkäsetaler:

1–2 kleine Ziegenkäserollen
1 Ei
1 EL Sahne
Salz
Pfeffer
50–70 g Pankomehl oder Semmelbrösel
Frittieröl

**Rotwein-Basamico-Schalotten:** Butter in einem Topf aufschäumen. Die geschälten und geteilten Schalotten darin anschwitzen. Zucker hinzugeben und leicht karamellisieren lassen. Mit dem Balsamico ablöschen. Zusammen mit Rotwein und Kräutern einkochen, bis die Schalotten durchgegart sind. Jetzt die Wildpreiselbeeren unterrühren und kurz mitziehen lassen. Die Schalotten aus dem Topf nehmen und die Flüssigkeit mit der Speisestärke binden. Die Schalotten wieder zurück in den Topf geben. Mit Salz abschmecken.

**Frittierte Ziegenkäsetaler:** Die Ziegenkäserolle in ca. 1,5 cm breite Scheiben schneiden. Ei und Sahne in einer kleinen Schüssel verrühren. Semmelbrösel oder Pankomehl in einen tiefen Teller füllen. Die Ziegenkäsescheiben mit Salz und Pfeffer würzen, durch die Ei-Sahnemischung ziehen und in den Semmelbröseln wälzen, bis sie komplett ummantelt sind. Die panierten Ziegenkäsetaler in heißem Frittieröl herausbacken, bis sie goldgelb sind. Aus dem Öl nehmen und abtropfen lassen.

## Tomatenknödel:

**Angetrocknete Tomaten:**
1 kg Rispen-Tomaten
10 g Puderzucker
Salz,
Pfeffer
4 EL fruchtiges Olivenöl
2 große Knoblauchzehen
etwas Ingwerabrieb
10 g Kräuter:
Oregano, Salbei, Rosmarin
(Zutaten für ca. 7 Knödel)

**Knödelteig:**
600 g angetrocknete Tomaten
3 EL Tomatenmark
4 EL Parmesan, gerieben
ca. 15 g Petersilie inkl. Stängel
ca. 15 g Basilikum
1 Ei
50 g Ricotta
150 bis 160 g Knödelbrot,
2 –3 Tage alt
Salz
Pfeffer
ggf. Semmelbrösel
oder Pankobrösel
(Zutaten für ca. 6–8 Knödel)

## Kräutersoße:

20 g Sauerampfer
20 g Petersilie
10 g Lauch, das Grüne
30–40 g Spinat
10 g Basilikum
5 g Salbei
100 saure Sahne
100 g Joghurt
1 EL scharfer Senf
1 TL Zucker
3 EL Pflanzenöl
etwas Zitronensaft
Salz
Pfeffer

**Angetrocknete Tomaten:** Backofen auf 85 Grad Umluft vorheizen. Tomaten kreuzförmig einschneiden und für ein bis zwei Minuten in kochendes Wasser legen. Herausnehmen und die Haut abziehen, halbieren und den Strunk entfernen. Tomaten achteln und entkernen. Auf einem mit Backpapier belegten Backblech die Tomatenstücke Reihe für Reihe auflegen. Puderzucker in ein Sieb füllen und über die Tomaten streuen. Mit Salz und Pfeffer gut würzen. Kräuter und Knoblauch fein hacken. Zusammen mit dem Olivenöl und dem Ingwer über die Tomaten verteilen. Das Backblech auf die mittlere Schiene in den Backofen schieben.
Insgesamt 3 Stunden im Ofen trocknen lassen.
Die Tomaten verlieren ca. 400 g an Gewicht und sind halb durchgetrocknet. Aus dem Ofen nehmen und in eine Schüssel umfüllen.

**Knödelteig:** 400 g dieser Tomaten in einem Mixer fein pürieren. Das Tomatenpüree in eine Schüssel füllen.
Mit Tomatenmark, Parmesan, klein geschnittenen Kräutern, Ei und Ricotta gut vermengen. Zusammen mit dem Knödelbrot zu einem homogenen Teig verarbeiten.
Die restlichen 200 g Tomaten trocken tupfen, in feine Würfel schneiden und unterheben. Mit Salz und Pfeffer abschmecken. Die Knödelmasse mindestens 1 Stunde kühl stellen, damit sie durchziehen kann.
Sollte der Teig zu weich sein, Semmel- oder Pankobrösel zufügen, bis die gewünschte Konsistenz erreicht ist.
Teig abstechen und Knödel daraus formen.
In leicht siedendem Salzwasser garen, bis sie nach oben steigen. Dann sind sie fertig.

**Kräutersoße**: Alle Zutaten zusammen in einem Mixer möglichst fein pürieren.

**Anrichten:**
Kräutersoße auf Teller geben. Knödel und gebackene Ziegenkäsetaler anrichten. Rotwein-Balsamico-Schalotten und etwas von deren Rotwein-Reduktion auf dem Teller verteilen. Falls vorhanden mit Johannisbeer- oder Cocktailtomaten garnieren.

# Semmelknödel mit Pfifferlingen

### Semmelknödel:

200 g Semmeln, vom Vortag
100 ml warme Milch
1 Ei
Salz
Pfeffer
Muskat
30 g Zwiebelwürfel
30 g Butter
etwas Petersilie
(Zutaten für ca. 2–3 Knödel)

### Rahmpfifferlinge:

300 g kleine Pfifferlinge
oder andere Pilze
1 EL Sonnenblumenöl
1 EL Butter
50 g Zwiebeln
200 ml Marsala
200 ml Weißwein
200 ml Sahne
2 EL Crème fraîche
1 TL scharfer Senf
Salz
Pfeffer
Umami-Gewürz (Spiceworld)
Zucker
etwas Petersilie
Johannisbeertomaten
oder ein paar klein
geschnittene
Cocktailtomaten

**Semmelknödel:** Klein geschnittene Semmeln in eine Schüssel füllen. Milch leicht erwärmen, Ei hineinrühren, mit Salz, Pfeffer und Muskat würzen. Gewürzmilch über das Knödelbrot schütten und ziehen lassen. Zwiebelwürfel und kleingeschnittene Petersilie in Butter farblos anschwitzen und mit den Semmeln vermischen. Teig 1 Stunde kalt stellen. Knödel abdrehen und in Salzwasser garen.

**Rahmpfifferlinge:** Öl in einer Pfanne erhitzen, Pfifferlinge darin anbraten und leicht salzen. Pfifferlinge aus der Pfanne nehmen und Temperatur reduzieren. Jetzt Butter und Zwiebeln in der Pfanne farblos anschwitzen. Mit Marsala und Weißwein ablöschen und etwa auf ein Drittel der Flüssigkeit einkochen. Sahne und Crème fraîche unterrühren, mit Senf, Salz, Pfeffer, Umami und Zucker würzen. Klein geschnittene Petersilie und Tomaten dazugeben, kurz mitziehen lassen. Pfifferlinge wieder in die Pfanne geben und durchschwenken. Pfifferlinge und Soße auf einen Teller anrichten und Knödel dazulegen.

# Lauchknödel mit Käsesalat, Zwetschgensoße und gebackenen Salbeiblättern

Bei diesem Knödel wird die komplette Lauchstange verarbeitet. Der grüne Teil des Lauchs wird nicht weggeworfen, sondern klein geschnitten und für fünf Minuten gekocht. Daher kommt die leuchtend grüne Farbe der Knödel. Der weiße Teil des Lauchs wird in Butter langsam geschmort. Gekochter und geschmorter Lauch werden zusammen püriert und bilden die Knödelbasis. Diese Kombination schmeckt einfach lecker. Dazu kommt eine würzige Zwetschgensoße, die zum Knödel passt. Ergänzt wird das Gericht mit einem Bergkäsesalat, der mit seiner Würzigkeit und leichten Säure das Aromenspiel ergänzt. Für den Crisp sorgen frittierte Salbeiblätter, die hervorragend mit Knödel und Soße harmonieren. Ein wenig Kräutersoße dazu – fertig ist ein Gericht, das Lust auf mehr macht.

## Sie brauchen dazu:

### Lauchknödel:

200 g Lauch, das Grüne
1 TL Salz
1 EL Zucker
150 ml Wasser
50 g Butter
100 g Lauch, das Weiße
1 Ei
65 g Crème fraîche
120 g trockenes Knödelbrot
Pfeffer
Muskat
(Zutaten für ca. 5 Knödel)

### Gebackene Salbeiblätter:

Salbeiblätter
1 Ei
etwas Semmelbrösel
Frittieröl
etwas Salz

**Lauchknödel:** Das Grüne vom Lauch klein schneiden. In einen Kochtopf geben, Zucker und Salz darüberstreuen und gut durchrühren. 10 Minuten stehen lassen. Jetzt das Wasser dazugießen und mit geschlossenem Deckel ca. 5 Minuten kochen lassen. Durch ein Sieb abschütten und den Lauch in einen Mixer füllen.
Butter in einer Pfanne aufschäumen. Den klein geschnittenen weißen Teil des Lauchs zur Butter geben und 10 Minuten farblos dünsten. Zusammen mit dem grünen Lauch im Mixer fein pürieren. Die Masse in eine Schüssel umfüllen. Ei sowie Crème fraîche unterrühren. Jetzt das trockene, klein geschnittene Knödelbrot unterheben und alles zu einem homogenen Teig verarbeiten. Mit Pfeffer und Muskat würzig abschmecken. Den Teig für 1 Stunde in den Kühlschrank stellen und durchziehen lassen. Von der Masse Teig abstechen und zu Knödeln formen. Im gesalzenen, leicht siedenden Knödelwasser garen.

**Gebackene Salbeiblätter:** Die Salbeiblätter durch das verquirlte Ei ziehen und in den Semmelbröseln wälzen. Im heißen Frittieröl goldgelb ausbacken. Mit etwas Salz würzen.

## Zwetschgensoße:

20 g Butter
40 g Zwiebeln
30 g Rohrzucker
300 g Zwetschgen
100 ml Rotwein
50 ml Orangensaft
1 Lorbeerblatt
1 Stängel Rosmarin
2 größere Blätter Salbei
¼ TL Piment d'Espelette
Salz
brauner Zucker

## Säuerlicher Käsesalat:

30 g Butter
5 g Haselnüsse, klein gehackt
5 g Petersilie
10 g Lauchzwiebeln, das Grüne
½ Limette, Saft und Abrieb
2 EL Orangensaft
1 TL Zucker
Salz
Pfeffer
20 g Fenchel
15 g getrockente Cranberries
3 EL Olivenöl, mild & fruchtig
100 g Bergkäse, gewürfelt
100 g Ziegenkäse, gewürfelt

## Zusätzlich:

Haselnüsse
getrocknete Cranberries
Crème fraîche
Milch
etwas Petersilie

**Zwetschgensoße:** Butter in einem Topf aufschäumen, klein geschnittene Zwiebeln darin kurz anschwitzen, Rohrzucker darüberstreuen und hell karamellisieren lassen. Jetzt die Zwetschgen hineingeben und mit Rotwein und Orangensaft ablöschen. Lorbeerblatt, Rosmarin und Salbei mitköcheln. Ca. 15 bis 20 Minuten bei kleiner Hitze etwas einkochen. Kräuter aus der Soße nehmen, alles in einen Mixer füllen und fein pürieren. Mit Salz, Piment d'Espelette und braunem Zucker würzig und leicht scharf abschmecken.

**Säuerlicher Käsesalat:** Die Butter in einer Pfanne aufschäumen. Haselnüsse, klein geschnittene Petersilie und Lauchwürfel zur Butter geben. Ein paar Minuten bei mittlerer Hitze anbraten. In eine Schüssel füllen und etwas abkühlen lassen. Limettensaft und -abrieb, Orangensaft, Zucker, Salz und Pfeffer solange unterrühren, bis sich die Gewürze aufgelöst haben. Fenchel und die Cranberries klein schneiden, unterheben und alles gut durchmischen. Olivenöl dazugeben und alles nochmals würzig abschmecken. Die Käsewürfeln darin marinieren.

Für die **Garnitur** die Haselnüsse mit einem breiten Messerrücken zerdrücken. In einer Pfanne ohne Fett leicht rösten. Getrocknete Cranberries klein schneiden.

**Anrichten:**
Zwetschgensoße auf einen Teller streichen. Knödel und gebackene Salbeiblätter dazulegen. Den Käselsalat zum Knödel reichen und mit etwas Kräutersoße (Seite 74) anrichten. Von der Zwetschgensoße 2 bis 3 Esslöffel entnehmen, mit etwas Crème fraîche und Milch verrühren. Als zweite Soße dazureichen. Mit etwas Petersilie und gehackten Haselnüssen garnieren.

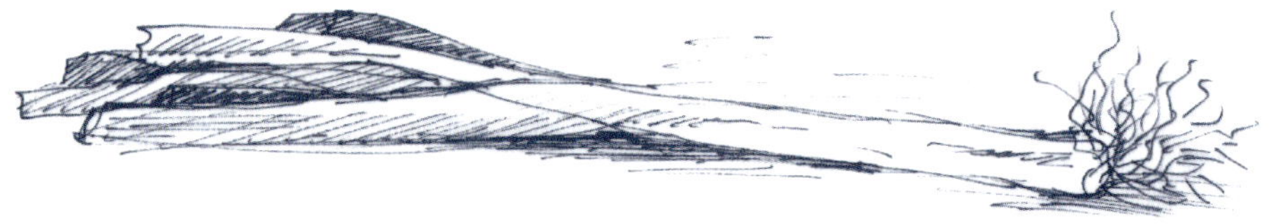

# Brezen-Serviettenknödel oder Brezenknödel

### Brezen-Serviettenknödel:

250 g Brezen vom Vortag
60 g Zwiebeln
20 g Butter
2 Eier
100 ml Milch
2 Eier
15 g Petersilie
Salz
Pfeffer

### Dazu passt:

braune Butter
Salat
Parmesan
Braten

**Brezen-Serviettenknödel:** Brezen klein schneiden. Klein geschnittene Zwiebeln in der aufgeschäumten Butter farblos anschwitzen, die Milch über die Brezen schütten, vermengen und ziehen lassen. Die Zwiebeln, Eier und die klein geschnittene Petersilie dazugeben und zu einem homogenen Teig verarbeiten. Mit Salz und Pfeffer abschmecken. Teig zu einer Rolle formen, in Frischhaltefolie und Alufolie einwickeln und in Wasser garen. Die Knödelrolle aufschneiden und in Butter anbraten (siehe Seite 14).
Man kann aus diesem Teig auch ganz klassische **Brezenknödel** formen und im Salzwasser garen.

Die gebratenen Knödelscheiben richtet man mit brauner Butter und Parmesan an. Sie sind auch eine tolle Beilage zu einem Salat oder einem Braten.

# Double-Semmelknödelburger mit Süßkartoffel-Pommes und Blaukrautsalat

Burger mal anders. Statt klassischer Burgerbrötchen kommen hier Semmelknödel zum Einsatz. Sie überzeugen auf ganzer Linie und stellen nicht nur die immer etwas langweilig schmeckende Brotkreation in den Schatten. Semmelknödel sind die besseren Buns! Wer Burger gerne mag und selbst mal Hand anlegen möchte, der hat hier das kulinarische Überraschungsmoment auf seiner Seite. Knödellust next step! Wir können diese Variante des Burgers nur empfehlen, die selbst eingefleischte Burgerfans überzeugt hat.

## Sie brauchen dazu:

### Semmelknödel:

40 g Butter
2 g Knoblauch
(1 kleine Knoblauchzehe)
klein gehackt
220 g Knödelbrot
100 ml Milch
2 Eier
etwas Petersilie
Salz, Pfeffer
(Zutaten für ca. 2 Knödelburger)

### Blaukrautsalat:

200 g Rotkohl, fein gehobelt
10 g Zucker
5 g Salz
1 Karotte, in feine Streifen geschnitten
Etwas Spitzpaprika, in feine Streifen geschnitten
10 g Frühlingszwiebeln, fein gehackt
etwas Petersilie
2 EL Weißweinessig
Olivenöl
etwas geröstetes Sesamöl
etwas Spring-Roll-Chilisoße
Zucker

**Semmelknödel:** Die Butter in einer Pfanne aufschäumen. Den Knoblauch darin anschwitzen. Die Milch in die Pfanne gießen, kurz erwärmen, alles zusammen über das Knödelbrot schütten und vermengen. Etwas abkühlen lassen, die zwei Eier und die gehackte Petersilie mit dem Knödelbrot vermengen. Mit Salz und Pfeffer würzig abschmecken. Den Teig für eine Stunde kalt stellen. Zwei Knödel aus dem Teig formen und in Salzwasser gar ziehen lassen. Wenn die Knödel noch oben steigen, sind sie fertig. Herausnehmen und abkühlen lassen.

**Blaukrautsalat:** Den Rotkohl mit Zucker und Salz vermengen und 15 Minuten ziehen lassen, bis sich Flüssigkeit bildet. Karottenstreifen, Paprikastreifen, Frühlingszwiebeln und Petersilie unterheben. Weißweinessig dazugeben, mit Olivenöl, Sesamöl, Chilisoße und eventuell etwas Zucker abschmecken.

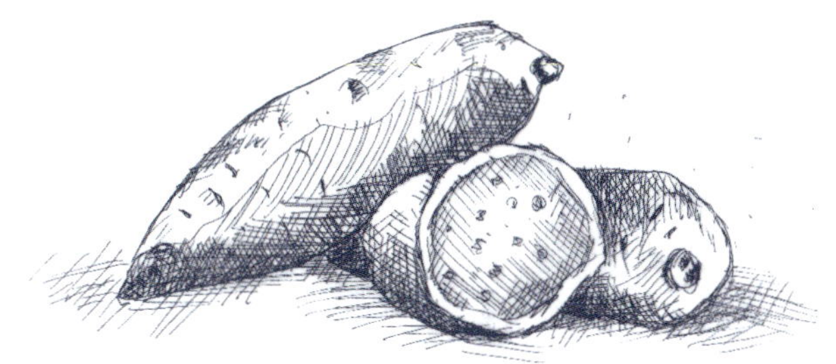

### Burgersoße:

80 g Mayonnaise
20 g mittelscharfer Senf
20 g Ketchup
40 g Essiggurken
40 g getrocknete Aprikosen
etwas Estragon
etwas Petersilie
Salz, Pfeffer, Paprika, Zucker

### Frittierte Zwiebel:

1 Zwiebel
3 EL Mehl
½ EL Paprikapulver
etwas Salz
Frittieröl

### Hackfleischpattys:

500 g Hackfleisch,
Rind oder gemischt
1 TL Zwiebelgranulat
1 TL Knoblauch, fein gehackt
3 EL Mehl
1 TL Paprikapulver
Salz, Pfeffer
Sonnenblumenöl

### Süßkartoffel-Pommes:

500 g Süßkartoffel
1 EL Stärkemehl
3 EL Sonnenblumenöl
etwas Salz
1 TL Paprikapulver

### Außerdem:

2 große Tomatenscheiben
2–4 Scheiben Bergkäse
Salatblätter
Schwarze Sesamkörner
(optional)
lange Holzspieße

**Burgersoße:** Mayonnaise, Senf und Ketchup miteinander verrühren. Essiggurken, Aprikosen, Estragon und Petersilie sehr klein schneiden und untermischen. Mit Salz, Pfeffer, Paprika und Zucker abschmecken.

**Frittierte Zwiebel:** Die Zwiebel in Ringe schneiden. Mehl mit Paprikapulver und Salz vermengen. Die Zwiebelringe darin wälzen und in heißem Öl frittieren, herausnehmen und auf einem Küchenpapier abtropfen lassen.

**Hackfleischpattys:** Alles zusammen vermengen und flache Pattys formen. In Öl braten, dabei beim Braten flach drücken und dann warm stellen.

**Süßkartoffel-Pommes:** Die geschälten Süßkartoffeln in 1 cm dicke Scheiben schneiden, größere Kartoffeln vorher halbieren. Anschließend in Stiftform (Pommesform) schneiden und mit Stärkemehl vermengen. In einer Schüssel Öl, Salz und Paprikapulver miteinander verrühren. Die Süßkartoffelstifte mit der Öl-Gewürz-Mischung in der Schüssel gründlich marinieren und auf ein mit einem Backpapier belegtes Backblech verteilen. Bei 220 Grad Ober- und Unterhitze ca. 20–30 Minuten backen.

**Finalisieren und anrichten:**
Von den Semmelknödeln jeweils eine der Rundungen gerade abschneiden, damit sie stehen bleiben. Die Knödel in der Mitte halbieren. Die Knödelhälften in einer Pfanne in etwas Öl bei mittlerer Hitze anbraten.
Die flachen Knödelscheiben jeweils mit Salatblättern belegen. Darauf ein Hackfleischpatty setzen. Mit Burgersoße großzügig bestreichen. Jetzt mit einer Käsescheibe und Tomatenscheiben belegen. Wiederum ein Hackfleischpatty darüberlegen und mit Burgersoße bestreichen.
Wer mag, kann nochmals eine Scheibe Käse auflegen. Darüber kommen die frittierten Zwiebelringe. Zum Schluss die obere Knödelscheibe aufsetzen, mit Sesam bestreuen und den Burger mit einem Holzspieß fixieren. Mit Blaukrautsalat und Süßkartoffelpommes anrichten.

# Königsberger Klopse

### Knödelmasse:

1 Zwiebel
70 g Semmelbrot
500 g Hackfleisch, gemischt
1 Ei
1 TL Sardellenpaste
1 TL Senf
Salz, Pfeffer
etwas Muskat
1 TL Zitronenabrieb
(Zutaten für ca. 8–10 Knödel)

### Kochsud:

1,5 l Gemüse-
oder Fleischbrühe
1 Zwiebel, geviertelt
4 Pimentkörner
1 Lorbeerblatt

### Kapernsoße:

70 g Butter
4 EL Mehl
1 Liter Brühe (Kochsud)
1 Eigelb
200 ml Sahne
Kapern, abgetropft
Zitronensaft
einer kleinen Zitrone
Salz, Pfeffer, Zucker

### Kartoffeln:

700 g Kartoffel
Salz
Petersilie, gehackt

**Königsberger Klopse:** Die Zwiebel fein hacken, mit Semmelbrot, Hackfleisch, Ei und den anderen Zutaten kräftig vermengen, bis eine homogene Masse entsteht. Teig abstechen, Knödel formen und im gesalzenen Wasser gar ziehen lassen.

**Kochsud:** Die Brühe mit der geviertelten Zwiebel, den Pimentkörnern und dem Lorbeerblatt kurz aufkochen. Die Temperatur reduzieren. Die Knödel in die Brühe legen und ca. 20 Minuten gar ziehen lassen. Die Brühe dabei nicht kochen lassen.

**Kapernsoße:** Die Butter in einem Topf zerlassen, vier Esslöffel Mehl dazugeben, mit einem Schneebesen ständig rühren und dabei anschwitzen. Mit Brühe langsam aufgießen, weiterrühren und dabei die Soße erhitzen. Eigelb und Sahne miteinander vermischen und zur Soße geben, weiterrühren. Mit Zitronensaft, Salz, Pfeffer und Zucker abschmecken. Die abgetropften Kapern und die Fleischknödel zur Soße geben und darin etwas ziehen lassen.

**Kartoffeln:** Wasser aufsetzen, mit Salz kräftig abschmecken und aufkochen lassen. Die Kartoffel darin kochen, bis sie gar sind. Die Kartoffeln schälen. Soße, Knödel und Kartoffeln in einem tiefen Teller anrichten, mit gehackter Petersilie bestreuen.

# Kartoffel-Mandelknödel mit gefüllter Maishähnchenbrust, Rosenkohl und Orangen-Marsalasoße

Diese Knödel toppen unseres Erachtens klassische Kartoffelknödel um Längen. Die gerösteten Mandelblättchen, der in den Teig eingearbeitete Bergkäse und die Nussbutter verleihen ihnen eine feinwürzige Note und heben sie auf eine andere Ebene. Wunderbar dazu passt ein Rosenkohlpüree, getunt mit etwas Orangensaft und Essig. Falls Sie es noch nie ausprobiert haben, empfehlen wir Ihnen Rosenkohlblätter in etwas Butter anzubraten. Wer Rosenkohl nicht mag, serviert einfach ein Selleriepüree dazu. Zu den Knödeln kommen gefüllte Maishähnchenbrüste. Für Fruchtigkeit sorgt ein Sößchen, das im Wesentlichen auf Marsala und Orangen beruht.
Ein leckeres Gericht, das wunderbar in den Spätherbst passt.

## Sie brauchen dazu:

### Mandel-Kartoffelknödel:

100 g Mandelblättchen
1 kg gekochte, geschälte Kartoffeln
1 Ei
1 Eigelb
1 EL Sauerrahm
200 g geriebener Bergkäse
50 g braune Butter (siehe Seite 51)
Salz
Pfeffer
Muskat
50–60 g Semmelbrösel
(Zutaten für ca. 6 Knödel)

**Mandel-Kartoffelknödel:** Mandelblättchen in einer Pfanne ohne Fett hell rösten und abkühlen lassen. Kartoffeln durch eine Kartoffelpresse drücken. Ei, Eigelb, Sauerrahm, Bergkäse und braune Butter dazugeben, Semmelbrösel unterheben. Mit Salz, Pfeffer und Muskat abschmecken und Knödelmasse für 1 Stunde kühl stellen. Teig abstechen und Knödel daraus formen, in den Mandelblättchen wälzen und etwas andrücken. Die Knödel in eine gebutterte Auflaufform oder auf ein gebuttertes Backblech legen und im vorgeheizten Backofen bei 180 Grad ca. 30 bis 40 Minuten garen, bis die Mandelblättchen leicht hellbraun und die Knödel durchgegart sind.

### Rosenkohlpüree:

400 g geputzer Rosenkohl
½ TL Salz
1 TL Zucker
250 ml Wasser
60 g Butter
3 EL Sahne
3 EL Orangensaft
1 EL weißer Balsamicoessig
etwas Muskat

### Gebratene Rosenkohlblätter

100–150 g Rosenkohlblätter
20 g Butter
etwas Salz

### Gefüllte Maishähnchenbrüste

4 Maishähnchenbrüste
ca. 100–200 g Serranoschinken
4 EL Basilikumpesto (siehe Seite 88)
2 EL Sonnenblumenöl
Pfeffer
Paprika süß
wenig Salz
Zahnstocher oder Küchengarn

1–2 EL Butter
2 Knoblauchzehen

**Rosenkohlpüree:** Den Rosenkohl vierteln und in einen Topf geben. Mit Salz und Zucker würzen. Circa 10 Minuten ziehen lassen. Jetzt das Wasser einfüllen und bei voller Hitze einmal aufkochen. Deckel auf den Topf setzen, Hitze reduzieren und ca. 15 Minuten köcheln lassen. Falls das Wasser schon vorher verkocht ist, ein wenig nachfüllen. Sobald der Rosenkohl gegart ist, sollte das Wasser verkocht sein.
Die Butter in einem Topf leicht braun werden lassen, bis sie nussig riecht. Zusammen mit dem Rosenkohl, der Sahne, dem Orangensaft und dem Essig in einen Mixer füllen und fein pürieren. Mit Muskat abschmecken.

**Gebratene Rosenkohlblätter:** Die Butter in einer Pfanne aufschäumen. Rosenkohlblätter hineingeben und bei mittlerer Hitze nur kurz anbraten. Die Blätter sollen noch Biss haben. Mit wenig Salz würzen.

**Gefüllte Maishähnchenbrüste:** Maishähnchenbrüste mit Frischhaltefolie bedecken und mit einem geeigneten Gegenstand flach klopfen. Die Hähnchenbrüste mit Serranoschinken belegen und mit Basilikumpesto (siehe Seite 70) bestreichen. Die Brüste aufrollen und mit Zahnstochern fixieren oder mit Küchengarn binden. Mit Pfeffer, Paprika und wenig Salz würzen, da der Schinken bereits salzig ist.

Das Sonnenblumenöl in einer Pfanne erhitzen. Die Maishähnchenrouladen darin rundum anbraten und aus der Pfanne nehmen. Pfanne nicht säubern, die Bratamonen werden für die Soße gebraucht. Die Rouladen im vorgeheizten Backrohr bei 120 Grad ca. 25–30 Minuten gar ziehen lassen. Die Rouladen aus dem Ofen nehmen und in Butter nachbraten. Zwei angedrückte Knoblauchzehen zur Bratbutter geben. Die Hähnchenbrüste aus der Pfanne nehmen und warm halten.

### Orangen-Marsalasoße

60 g Butter
1 Zwiebel, ca. 200 g
2 Knoblauchzehen
1 Zweig Rosmarin, nur die Nadeln
4 große Blätter Salbei
200 ml Marsala
200 ml Orangensaft
Salz
Pfeffer
Paprika
½ TL Kurkuma
etwas Umami-Gewürz (Spiceworld)

**Orangen-Marsalasoße:** In die Pfanne, in der die Maishähnchenrouladen gebraten wurden, die Butter aufschäumen. Die kleingeschnittenen Zwiebeln, Knoblauch, Rosmarin und Salbei dazugeben und mitbraten, bis die Zwiebelwürfel hellbraun sind. Die Gewürze darüberstreuen. Mit Marsala und Orangensaft aufgießen und etwas einkochen lassen. In einen Mixer füllen und fein pürieren. Die Soße würzig abschmecken.

**Anrichten:**
Das Rosenkohlpüree auf einen Teller streichen.
Den Knödel dazulegen. Die Maishähnchenrouladen schräg aufschneiden und anrichten. Die gebratenen Rosenkohlbätter verteilen und mit Soße umgießen.

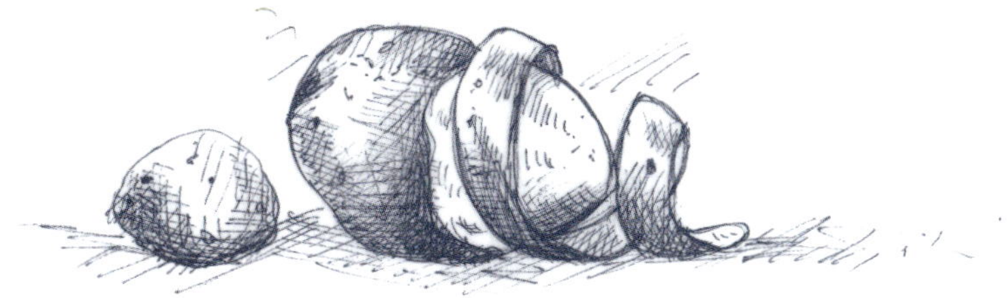

# Orangenknödel mit fruchtigen Belugalinsen, Jakobsmuscheln und Chili-Vanillebutter

Orangenknödel? Und dann statt süß auch noch herzhaft? Das funktioniert ganz wunderbar. Es sind wirklich fruchtige Knödel und haben so gar nichts mit klassicher Knödelkost gemein. Etwas Estragon unterstützt das Orangenaroma. Dazu kommen Belugalinsen, die ebenfalls ein fruchtiges Topping bekommen. Zu viel Frucht – keinesfalls, das passt einfach. Perfekte Begleiter dazu sind Jakobsmuscheln und Blumenkohlröschen, die in einer Würzcreme gebacken werden. Um dem Ganzen noch die Krone aufzusetzen, kommt eine klassische Chili-Vanillebutter dazu. Guten Appetit!

## Sie brauchen dazu:

### Orangenknödel:

150 ml Orangensaft
20 g Lauch, das Weiße
4 g frische Kurkumawurzel
¼ TL Madrascurry
1 ½ EL Zucker
40 g Butter
150 g Ricotta
1 Ei
1 ½ Orangen, Abrieb
150 g trockenes Knödelbrot
Salz
Pfeffer
Piment d'Espelette
(Zutaten für ca. 4 Knödel)

**Orangenknödel:** Den Orangensaft zusammen mit dem klein geschnittenen Lauch, der Kurkumawurzel, Curry, Zucker und Butter in einem Topf auf die Hälfte der Flüssigkeit einkochen.

In einem Mixer zu einem feinen Püree verarbeiten, in eine Schüssel umfüllen und abkühlen lassen.

Ricotta, Ei und Orangenabrieb in das Püree geben. Klein geschnittenes Knödelbrot unterheben und zu einem homogenen Teig verarbeiten. Mit Salz, Pfeffer und Piment d'Espelette abschmecken.

Die Knödelmasse 1 Stunde kühl stellen. Teig abstechen und zu Knödeln formen. Im Salzwasser ca. 15 Minuten gar ziehen lassen, bis die Knödel nach oben steigen.

### Jakobsmuscheln:

pro Person ca. 3 Muscheln, tiefgefroren
Salz
Pfeffer
Sonnenblumenöl und etwas Butter
eventuell 1 Knoblauchzehe

**Jakobsmuscheln:** Die Jakobsmuscheln im Kühlschrank oder in kaltem Wasser auftauen. Die Muscheln auf ein Küchenkrepp legen und trocken tupfen. Mit Salz und Pfeffer würzen. Öl und Butter in einer Pfanne aufschäumen, die Muscheln darin glasig braten. Wer mag, gibt noch eine angedrückte Knoblauchzehe während des Bratens dazu.

## Gebackene Blumenkohlröschen:

90 g Mehl
2 TL Paprika süß
1 TL Garam Masala, scharf
1 TL getrockneter Kurkuma
2 EL Zucker
etwas Salz
100 ml Weißwein
100 ml Wasser
ca. 300 g Blumenkohlröschen

## Belugalinsen

**Fruchtige Salsa:**
40 g Butter
100 g Zwiebeln
½ kleine reife Ananas
2 Passionsfrüchte
1 TL Koriandersamen
1 TL Fenchelsamen
5 g Estragon, klein gehackt
40 Pinienkerne, geröstet
1 Limette, Saft und Abrieb
4 EL Agavendicksaft
100 g Johannisbeertomaten oder klein geschnittene Cocktailtomaten
6 EL Olivenöl
etwas Kreuzkümmel
Salz
Pfeffer
Piment d'Espelette

**Linsen:**
150–200 g schwarze Belugalinsen
Gemüse- oder Fleischbrühe, alternativ Wasser
etwas Kreuzkümmel
Salz
Pfeffer
Zucker

**Gebackene Blumenkohlröschen:** Den Backofen auf 200 Grad vorheizen. Die Gewürze mit dem Mehl vermischen. Zusammen mit Wein und Wasser zu einem Teig verrühren. Die Blumenkohlröschen durch diesen Teig ziehen. Backpapier auf ein Backblech legen und die Blumenkohlröschen darauf verteilen. Circa 30 Minuten im Ofen backen.

**Fruchtige Salsa:** Die Butter in einer Pfanne aufschäumen, Zwiebeln darin glasig dünsten und in eine Schüssel umfüllen.

Ananas klein schneiden, aus den Passionsfrüchten das Fruchtfleisch herauslöffeln und die Früchte zu den Zwiebeln geben.

Koriander- und Fenchelsamen mörsern, Estragon, Pininenkerne, Limettensaft und -abrieb, Agavendicksaft, Tomaten und Olivenöl ebenfalls unterheben. Mit Kreuzkümmel, Salz, Pfeffer und Piment d'Espelette würzen.

**Linsen:** Linsen waschen und so lange spülen, bis das Wasser klar bleibt. Linsen in einen Topf füllen und ungefähr zweimal so viel Brühe oder Wasser dazuschütten, wie Linsen im Topf sind.
Die Linsen circa 20 bis 25 Minuten weich kochen.
Die Flüssigkeit abschütten, die Linsen zur fruchtigen Salsa geben und durchmischen. Nochmals mit Kreuzkümmel, Salz, Pfeffer und Zucker abschmecken.

### Chili-Vanille-Butter

1 Chilischote, nicht zu scharf
3 EL Olivenöl, fruchtig
200 ml Orangensaft
1 Messerspitze Madrascurry
½ TL Zucker
Vanillestange, Mark
60 g Butter
etwas Salz

**Chili-Vanille-Butter:** Chilischote in möglichst feine Streifen schneiden. In einem Topf das Olivenöl erhitzen und die Chilistreifen darin anbraten.

Mit Orangensaft aufgießen, den Curry, die Vanille und den Zucker dazugeben.

Die Flüssigkeit im Topf etwa auf die Hälfte einkochen. Vom Herd nehmen, die Butter einrühren und die Flüssigkeit damit binden – nicht mehr kochen lassen! Mit Salz abschmecken.

**Anrichten:**
Linsen auf einen Teller verteilen, den Knödel daraufsetzen, Jakobsmuscheln und Blumenkohlröschen anrichten. Chili-Vanille-Butter nach Geschmack angießen. Eventuell mit Orangenfilets und Estragon dekorieren.

# Garnelenknödel, Kokos-Süßkartoffelpüree, Paprika, Papaya, Gurke und Misomayo

Sie sind einfach nur köstlich und gehören zu den besten Knödeln, die wir jemals gemacht haben. Wer Garnelen mag – ein Muss! Dazu empfehlen wir ein Süßkartoffelpüree mit asiatischer Note – Erdnüsse und Kokosmilch toppen die Süßkartoffel. Zwei verschiedene Salate mit Paprika, Papaya und Gurke harmonieren hervorragend zu den Knödeln. Auf jeden Fall sollten Sie entweder eine Papaya-Mango-Soße oder eine Miso-Mangomayonnaise dazu machen. Gerne auch beide, wenn Sie mögen. Sowohl Püree als auch die beiden Salate passen auch zu vielen anderen Fischgerichten. Wir machen sie relativ oft, auch mal ohne Fisch, einfach nur so. Augen zu und genießen. Das ist Knödellust pur.

## Sie brauchen dazu:

### Garnelenknödel:

400 g Garnelen, sehr kalt
350 g Kabeljau, sehr kalt
60 g Frühlingszwiebeln
1–2 Knoblauchzehen
1 TL Ingwer
Chili, nach Geschmack
1 EL Sojasoße
Salz
Pfeffer
3 EL Semmelbrösel
Pankomehl oder
Semmelbrösel
Frittieröl
(Zutaten für ca. 5–6 Knödel)

### Papaya-Mango-Soße:

1 reife Mango
1 reife Papaya
1–2 Limetten, Saft und Abrieb
2 EL Olivenöl
Salz, Zucker
Piment d'Espelette

**Garnelenknödel:** Garnelen und Fisch sollen möglichst kalt verarbeitet werden! Garnelen und Kabeljau in einem Mixer pürieren. Die Masse in einen Topf umfüllen. Frühlingszwiebeln, Knoblauch, Ingwer und Chili klein schneiden und unter die Fischmasse mischen. Mit Sojasoße, Salz und Pfeffer abschmecken und Semmelbrösel unterheben. Von der Fischfarce Teig abstechen und Knödel formen. Frittieröl in einer Sauteuse erhitzen. Knödel in Pankomehl wälzen und im Öl ausbacken, bis sie durchgegart sind.

**Papaya-Mango-Soße:** Die Mango schälen und das Fleisch vom Kern schneiden. Papaya schälen, halbieren, Kerne entfernen. Mango- und Papayafruchtfleisch in einem Mixer fein pürieren. In eine Schüssel umfüllen, Limettensaft, -abrieb und Olivenöl unterrühren. Mit Salz, Zucker und Piment d'Espelette abschmecken.

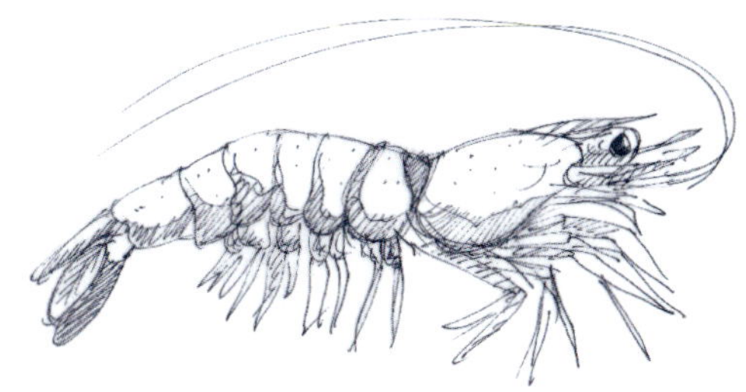

## Miso-Mango-Mayonnaise:

100 g Mayonnaise
1 EL Misopaste
4 EL Mangopüree

## Gurkensalat:

500 g Gurken
5 EL Zucker
1–2 EL Salz
4 EL Fischsoße
2 EL Reisessig
1 EL Limettensaft
2 EL Sojasoße
4 EL Süßwein (Asialaden)
2 EL Süße Chilisoße
4 EL Olivenöl
etwas klein gehackter Frühlingslauch
20 g Erdnüsse, klein gehackt
etwas Koriander, klein gehackt

## Süßkartoffelpüree:

500 g Süßkartoffel, geschält
1 TL Salz
1 TL Zucker
35 g Butter
250 ml Kokosmilch
Umami-Gewürz (Spiceworld)
Piment d'Espelette
80 g Erdnüsse

## Paprika-Papaya-Salat:

1 Paprika, rot
½ Papaya
Salz
Zucker
15 g Zwiebeln rot
etwas Koriander
1 Limette, Saft und Abrieb
1 EL Fischsoße
1 EL Reisessig
1 EL süße Chilisoße

**Miso-Mango-Mayonnaise:** Für die Mayonnaise alle Zutaten zusammen verrühren.

**Gurkensalat:** Die Gurke (mit oder ohne Schale) in feine Scheiben hobeln. Mit allen anderen Zutaten vermischen und durchziehen lassen.

**Süßkartoffelpüree:** Die Süßkartoffeln in kleine Würfel schneiden und in einen Topf füllen. Mit Salz und Zucker würzen. Circa 10 Minuten stehen lassen, bis die Süßkartoffelwürfel zu glänzen beginnen. Butter, Kokosmilch, etwas Umami-Gewürz und Piment d'Espelette hinzufügen. Mit geschlossenem Deckel ca. 10 Minuten köcheln lassen. Die Erdnüsse in einer Pfanne rösten und zusammen mit den gekochten Süßkartoffeln in einem Mixer fein pürieren. Mit Salz und Zucker abschmecken.

**Paprika-Papayasalat:** Die Paprika vierteln, Strunk, Kerne und weiße Fasern herausschneiden. Die Papaya schälen und entkernen. Paprika und Papaya in kleine Würfel schneiden und in eine Schüssel füllen. Mit Salz und Zucker würzen und 10 Minuten stehen lassen, bis sich Flüssigkeit bildet. Die Zwiebeln und den Koriander ebenfalls klein schneiden und zusammen mit den restlichen Zutaten in die Schüssel füllen.

Wer mag, kann etwas von der Papaya-Mango-Soße unter diesen Salat mischen.

**Anrichten:**
Süßkartoffelpüree auf den Teller streichen. Den Knödel dazusetzen und Salate drapieren. Miso-Mango-Mayo-Kleckse auf den Teller setzen und mit gehackten Erdnüssen garnieren.

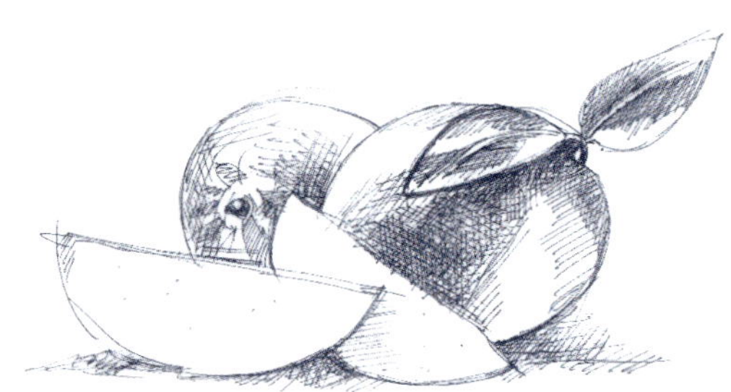

# Kartoffelknödel halb & halb

### Kartoffelknödel:

250 g gekochte, geschälte Kartoffeln vom Vortag, mehlig (ohne Schale kalt werden lassen)
250 g rohe, mehlige, geriebene, gut ausgedrückte Kartoffeln
30 g ausgedrückter Quark
1 Eigelb
1 TL Stärke
Salz
Peffer
Muskat
(Zutaten für 5–6 Knödel, je nach Größe)

### Knödelgröstl:

Kartoffelknödelscheiben siehe oben
1 EL Butter zum Anbraten
½ halbe Zwiebel
4 Scheiben Schinkenspeck
1–2 Eier
Salz
Pfeffer
Paprika
Petersilie

**Kartoffelknödel:** Gekochte Kartoffeln vom Vortag durch die Knödelpresse drücken.

Mit den rohen, geriebenen, gut ausgedrückten Kartoffeln vermischen. Quark, Eigelb und Stärke unterheben. Mit Salz, Pfeffer und Muskat abschmecken. Von der Masse Teig abstechen und zu Knödeln formen. Gesalzenes Knödelwasser einmal aufkochen und sofort Temperatur reduzieren. Das Wasser soll nicht mehr kochen. Knödel hineingeben und ca. 20 Minuten gar ziehen lassen. Sobald die Knödel nach oben steigen, sind sie fertig.

Diese Knödel eignen sich hervorragend zu jeder Art von Braten.

Man kann diese Knödel auch zu einem klassischen **Knödelgröstl** weiterverarbeiten. Dazu die abgekühlten Knödel in Scheiben schneiden und in Butter anbraten. Klein geschnittene Zwiebeln und Schinkenspeck dazugeben und mitbraten. Eier verrühren, mit Salz, Pfeffer und Paprika würzen, über die gebratenen Knödelscheiben geben und ausbacken. Mit Petersilie bestreuen.

# Kürbisknödel mit Lauchpüree, Paprikasoße, getrockneten Tomaten und Rucola

Diese Kürbisknödel bekommen ihr würziges Aroma durch das Schmoren von Kürbisscheiben zusammen mit Gewürzen und Olivenöl im Backofen, bevor sie weiterverarbeitet werden. Das macht sie besonders köstlich. Zusätzliche Aromen geben Parmesan und Bergkäse. Besonders gut dazu passt ein Lauchpüree und karamellisierte Kürbiswürfel, die wunderbar süß-sauer schmecken. Ein feines Sößchen aus gelben Paprikas rundet das Gericht ab. Rucola oder ein anderer Salat passen ganz wunderbar dazu. Für die fruchtige Komponente sorgen gebackene Tomaten, die ebenfalls im Backofen ihr köstliches Aroma entwickeln. Guten Appetit.

## Sie brauchen dazu:

### Kürbisknödel:

400 g Kürbis, in Scheiben geschnitten
2–3 EL Olivenöl
Salz
Zucker
Pfeffer
Zimt
Curry
Kreuzkümmel, gemahlen
Ingwer
30 g Butter
30 g Zwiebeln
5 g Knoblauch
40 g Parmesan
30 g Bergkäse
40 g Quark
1 Ei
etwas Zitronensaft
etwas Zitronenabrieb
100 g Knödelbrot
ggf. Semmelbrösel
(Zutaten für ca. 5 Knödel)

### Rucolasalat:

Rucola
Essig, Olivenöl, Salz

**Kürbisknödel:** Backofen auf 160 Grad vorheizen. Backpapier auf ein Backblech legen, darauf die Kürbisscheiben verteilen. Mit Olivenöl übergießen. Mit Salz, Zucker, Pfeffer, Zimt, Curry, gemahlenem Kreuzkümmel und Ingwer großzügig würzen. 20 Minuten im Backofen garen und dann aus dem Ofen nehmen.

Butter in einer Pfanne aufschäumen, darin die klein geschnittenen Zwiebeln und den Knoblauch farblos anschwitzen. Den Pfanneninhalt, die Kürbisscheiben, beide Käsesorten in einem Mixer fein pürieren. Die Masse in eine Schüssel umfüllen und abkühlen lassen. Quark, Ei, Zitronensaft und -abrieb unter die Kürbismasse mischen. Zusammen mit dem Knödelbrot zu einem homogenen Teig verarbeiten. Die Masse für mindestens 1 Stunde in den Kühlschrank stellen. Falls der Teig nicht kompakt genug ist, etwas Semmelbrösel untermischen. Von der Knödelmasse Teig abstechen, Knödel formen und in Salzwasser gar ziehen lassen.

**Rucolasalat:** Gewaschenen Rucola mit Essig, Olivenöl und einer Prise Salz anmachen.

### Lauchpüree:

ca. 170 g Lauch, das Grüne
1 EL Zucker
1 TL Salz
150 ml Wasser
ca. 170 g Lauch, das Weiße
70 g Butter
50 ml Weißwein
ggf. etwas Semmelbrösel

### Paprikasoße:

200 g gelbe Paprika
30 g Butter
1 Knoblauchzehe
40 g Zwiebeln
50 ml Weißwein
150 ml Sahne
Salz
Pfeffer
Kurkuma
Curry
Zucker

### Karamellisierter Kürbis:

100 g Kürbiswürfel
1 Limette, Saft und Frucht
300 ml Wasser
2 EL Zucker
3 EL Kräuteressig
1 Lorbeerblatt

### Lauchstroh:

Lauch
etwas Mehl
eine Prise Salz
Frittieröl

### Angetrocknete Tomaten:

siehe Seite 92

**Lauchpüree:** Das Grüne vom Lauch in Ringe schneiden. Den Lauch in einen kleinen Topf geben, mit Salz und Zucker würzen. 10 Minuten stehen lassen und dann den Topf mit 150 ml Wasser auffüllen und einmal aufkochen. Einen Topfdeckel darauf setzen, die Temperatur reduzieren und ca. 5 Minuten köcheln lassen, bis der Lauch gegart ist. Masse in einen Mixer umfüllen. Das Weiße vom Lauch in kleine Ringe schneiden. Die Butter in einer Pfanne aufschäumen. Den Lauch ca. 10 Minuten bei mittlerer Hitze darin farblos anschwitzen. Mit Weißwein ablöschen und verkochen lassen. Den geschmorten weißen Lauch zum gekochten grünen Lauch in den Mixer geben und fein pürieren. Sollte die Masse für ein Püree zu flüssig sein, etwas Semmelbrösel unterheben bis die gewünschte Konsistenz erreicht ist.

**Paprikasoße:** Den Backofen auf 250 Grad vorheizen. Die Paprika vierteln, Strunk, Kerne und weiße Fasern entfernen. Die Paprikastücke mit der Haut nach oben auf ein Backblech legen und in den Ofen schieben. So lange im Ofen lassen, bis die Haut flächig braun bis schwarz wird. Paprikas aus dem Ofen nehmen und die Haut abziehen. Paprika in kleine Stücke schneiden. Butter in einer Pfanne aufschäumen, klein geschnittenen Knoblauch und Zwiebel darin farblos anschwitzen, Paprikastücke kurz mitschmoren lassen. Sie sollen keine Farbe annehmen. Mit Weißwein ablöschen und einkochen lassen. Sahne dazugießen, mit Salz, Pfeffer, Kurkuma und Curry würzen und für 5 bis 10 Minuten köcheln lassen. Alles zusammen in einem Mixer fein pürieren und abschmecken.

**Karamellisierter Kürbis:** Kürbiswürfel in einen Topf füllen. Limette auspressen, den Saft und die ausgedrückte Frucht dazugeben, ebenso die restlichen Zutaten. Köcheln lassen, bis der Kürbis gar ist und die Flüssigkeit nahezu verkocht ist. Lorbeerblatt und Limette entfernen.

**Lauchstroh:** Lauch in feine Stifte schneiden. Etwas Mehl darüberstreuen. Lauchstifte in Öl frittieren und leicht salzen.

**Anrichten:**
Püree auf Teller streichen. Knödel und Lauchstroh anrichten, Tomaten, Paprikasoße, Kürbiswürfel und Salat anrichten.

# Bayerische Leberknödel

## Leberknödel:

40 g Zwiebeln
1 Knoblauchzehe
5 g Majoranblätter
10 g Petersilie
250 g
Rinder- oder Kalbsleber
Salz
Pfeffer
Zucker
20 g Butter
2 Eier
200 g Knödelbrot
Muskat
ggf. Semmelbrösel
(Zutaten für ca. 6 Knödel)

## Rindssuppe:

siehe Seite 41

**Leberknödel:** Zwiebeln, Knoblauch, Majoran, Petersilie und die Leber klein schneiden. Die Leber mit Salz, Pfeffer und Zucker würzen – ein paar Minuten ziehen lassen. Butter in einer Pfanne aufschäumen, Zwiebeln und Knoblauch darin farblos anschwitzen. Majoran in die Pfanne geben und kurz mitbraten lassen. Den Pfanneninhalt in einen Mixer schütten und zusammen mit der Leber fein pürieren. Die Masse in eine Schüssel umfüllen. Die Eier unterrühren. Das Knödelbrot und die klein geschnittene Petersilie unterheben und zu einem homogenen Teig verarbeiten. Mit Salz, Pfeffer und Muskat abschmecken. Knödelteig für 1 Stunde in den Kühlschrank stellen. Falls der Teig zu weich erscheint, etwas Semmelbrösel untermischen. Von der Knödelmasse Teig abstechen und zu Knödeln formen. In einer Rindssuppe oder im Salzwasser gar ziehen lassen und mit Schnittlauch bestreuen.

KNÖDEL
LUST
›süß‹
Los geht's...

# Kokosknödel mit Heidelbeer-ragout und Thaimango

Wer Kokos mag, hat hier schon seine große Knödelliebe gefunden! Eine fein ausgewogene Komposition aus nicht zu süßen Kokosknödeln mit dem intensiv-fruchtigen Heidelbeerragout und der fernöstlichen Süße einer reifen thailändischen Mango überzeugt nicht nur den Gaumen, sondern Herz und Seele gleich mit. Verfeinert mit leicht gesüßtem Sauerrahm und Mangopüree sind wir hier schon beim Knödelglück 2.0 angekommen. Getreu unserem Grundsatz „Der Geschmackswert einer Kalorie muss grundsätzlich größer sein als der Brennwert!" kommt man kaum umhin, sofort eine zweite Portion in Angriff zu nehmen – genießen erlaubt.

## Sie brauchen dazu:

### Kokosknödel:

500 g Quark
20 g flüssige Butter
2 Eier
60 g Zucker
1 kl. Vanilleschote, Mark
1 Zitrone, Abrieb
100 g Mehl
90 g Kokosraspel
60 g Grieß
ggf. Semmelbrösel
(Zutaten für ca. 8 Knödel)

### Kokosraspel:

80 g Kokosraspel
1 EL Zucker

**Kokosknödel:** Den Quark in einem Sieb gut abtropfen lassen oder in einem Tuch ausdrücken.
Den abgetropften Quark, die flüssige Butter, die Eier, den Zucker, das Vanillemark und den Zitronenabrieb zusammen in einer Schüssel glattrühren. Mehl, Kokosraspel und Grieß unterheben und gut vermengen.

Den Teig abgedeckt im Kühlschrank 1 Stunde ziehen lassen. Sollte der Teig zu weich sein, noch etwas Mehl oder Semmelbrösel zufügen, bis eine feste, aber nicht zu feste Masse entsteht. Teig abstechen und Knödel daraus formen. Wer mag, kann die Knödel vorher noch mit Heidelbeeren füllen.

Am besten einen Probeknödel mit leicht befeuchteten Händen abdrehen und im gesalzenen Zuckerwasser gar ziehen lassen. Wenn der Knödel an die Wasseroberfläche steigt und die Konsistenz passt, ist er fertig. Jetzt die restlichen Knödel ins Wasser geben.

**Kokosraspel** zusammen mit dem Zucker in einer Pfanne bei mittlerer Hitze langsam rösten, bis sie zu duften beginnen. Die Knödel in den gerösteten Kokosraspeln wälzen.

### Heidelbeerragout:

300 g Heidelbeeren
200 g Wasser
Saft einer halben Zitrone
1 PK Vanillezucker
60 g Zucker
1 EL Speisestärke
1 EL Rum
1 gehäufter EL fein gehackte Minzblätter

### Thaimangopüree und Sauerrahm:

1 Mango, geschält und in Würfel geschnitten
2 TL Puderzucker
½ TL Zitronensaft

### Zusätzlich:

1 Mango, geschält und fächerförmig geschnitten
2 EL Sauerrahm
Heidelbeeren nach Geschmack

**Heidelbeerragout:** Die Heidelbeeren in einem Topf mit Wasser, Zitronensaft, Vanillezucker und Zucker aufkochen. Die Speisestärke in 1 bis 2 Esslöffeln Wasser separat auflösen und unterrühren. Unter ständigem Rühren 3 bis 4 Minuten köcheln lassen, bis die Masse eindickt. Etwas abkühlen lassen, dann den Rum und die gehackten Minzblätter unterheben.

**Thaimangopüree:** Die Mangowürfel mit 1 TL Puderzucker und einem Spritzer Zitronensaft anmachen, pürieren und durch ein Sieb streichen. Übrigens: Die besten Mangos, die man bekommen kann, sind thailändische Flugmangos. Wenn Sie keine erhalten, nehmen Sie andere reife Mangos. Falls diese nicht süß genug sind, etwas mehr Puderzucker in das Püree geben.

Den **Sauerrahm** mit 1 TL Puderzucker verrühren.

**Anrichten:**
Die geschnittenen Mangoscheiben als Fächer auf einem Teller anrichten. Das Mangopüree dazugeben. Die Kokosknödel auf das Mangopüree setzen. Um die Knödel kreisförmig das Heidelbeerragout anrichten und mit Heidelbeeren, Mangopüree und Sauerrahm garnieren. Geröstete Kokosbrösel darüberstreuen.

# Germknödel mit Zwetschgenmus

## Germknödel:

30 g Zucker
40 g Mohn
270 g Mehl
100 g Milch
½ Würfel Hefe (20 g)
1 Ei
1 Prise Salz
Zitronenabrieb
130 g Butter
40 g Pflaumenmus
(ergibt ca. 4–5 Knödel)

## Vanillesoße:

siehe Seite 150
alternativ
3 EL zerlassene Butter

**Germknödel:** 50 g Mehl, Milch und Hefe vermischen und 10 Minuten stehen lassen. Mit 220 g Mehl, Zitronenabrieb, 1 Ei, 10 g Zucker und Salz vermengen und zu einem glatten Teig verkneten. An einem warmen Ort ca. 30 Minuten, mit einem Tuch abgedeckt, gehen lassen. Den Teig in 4 bis 5 Portionen teilen und flache Fladen formen. Jeweils mit 1 Löffel Pflaumenmus füllen, den Teig nach oben ziehen, verschließen und zu Knödeln formen. Ein grobes Sieb (z. B. Nudelsieb) mit Butter einfetten. Knödel auf das Sieb setzen (je nach Größe 2 bis 3 Stück) und nochmals 30 Minuten abgedeckt gehen lassen. Einen, zur Siebgröße passenden Topf mit etwas Wasser füllen und aufkochen. Das Sieb mit den Germknödeln hineinsetzen und zugedeckt bei mittlerer Hitze 15 bis 20 Minuten dämpfen. Das Wasser darf die Knödel nicht berühren! Aus dem Topf nehmen und mit 100 g zerlassener Butter übergießen. 20 g Zucker und 40 g Mohn in einer Mühle fein mahlen und die Knödel mit dem Mohnzucker bestreuen. Alternativ zur zerlassenen Butter schmeckt Vanillesoße hervorragend dazu.

# Nougat-Pistazienknödel mit Calvadosrahm und gebratener Banane

Eine ausgesprochen leckere Kombination ist in Honig gebratene Banane mit Calvadosrahm. Ergänzt mit Orangenaromen wird daraus schnell echtes Knödelglück. Dazu harmonieren Quarkknödel mit etwas Vanille aufs Vorzüglichste! Um das Knödelglück noch zu steigern, werden diese mit Nougat gefüllt und in gerösteten Pistazien gewälzt. Während die Knödel im Wasser garen, schmilzt das Nougat langsam im Knödel vor sich hin. Beim Anschneiden ist das Nougat wunderbar flüssig und umhüllt jedes Stück, das man vom Knödel abschneidet. Jetzt nur noch in den Calvadosrahm tauchen, ein Stück der Banane dazu und die Knödellust ist kaum noch zu steigern.

## Sie brauchen dazu:

### Knödelteig:

1 Ei
40 g Zucker
35 g Butter
½ Zitrone, Abrieb und Saft
Mark von einer Vanilleschote
180 g Quark, ausgedrückt
120 g Knödelbrot, getrocknet, ohne Rinde
ggf. Semmelbrösel
(Zutaten für ca. 5 Knödel)

### Knödelfüllung:

100 g Nougat

### Pistazienbrösel:

150 g grüne Pistazien
1 EL Zucker

**Knödelteig:** Das Ei, den Zucker und die weiche Butter aufschlagen, bis sie cremig sind. Das Mark der Vanilleschote, den Zitronensaft, -abrieb und den ausgedrückten Quark zur Masse geben und gut vermengen.
Das klein geschnittene Knödelbrot unterheben und alles zusammen zu einem homogenen Teig verarbeiten. Die Masse für mindestens 1 Stunde kühl stellen. Gegebenenfalls etwas Semmelbrösel dazugeben, falls der Teig zu weich sein sollte. Von der Knödelmasse Teig abstechen und zu Knödeln formen. Knödel flach drücken und mit einem Stück **Nougat** füllen und wieder verschließen. Knödel in gesalzenem Zuckerwasser gar ziehen lassen.

**Pistazienbrösel:** Die Pistazien fein hacken und in einer Pfanne ohne Fett mit dem Zucker leicht rösten.

Die fertigen Knödel aus dem Wasser nehmen und in den Pistazienbröseln wälzen.

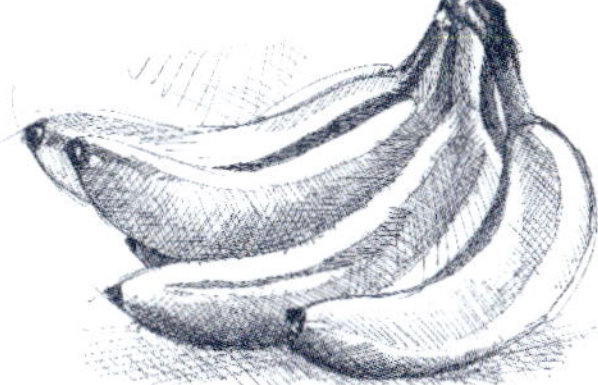

### Gebratene Bananen

Pro Portion ½ Banane
1 EL Butter
1–2 EL Akazienhonig

### Calvadosrahm:

300 ml Sahne
2 EL Akazienhonig
1 Orange, Saft
etwas Stärke
5 EL Calvados

### Schokosoße:

100 g Sahne
50 g Vollmilchschokolade
etwas Zucker

### Zusätzlich:

1–2 Orangen
1–2 Äpfel

**Gebratene Bananen:** Die Bananen halbieren und Butter in einer Pfanne aufschäumen. Die Bananen hineingeben und nur auf der Unterseite bei kleiner Hitze braten. Den Honig gleich über die Bananen träufeln und kurz miterhitzen. Die Bananen sollen nicht zerfallen. Bananen aus der Pfanne nehmen.

**Calvadosrahm:** In die selbe Pfanne Sahne, Akazienhonig und Orangensaft hineingeben und aufkochen. Mit etwas Stärke binden, etwas köcheln lassen und Calvados unterrühren. Die Bananen zurück in die Pfanne legen und vom Herd nehmen.

**Schokosoße:** Die Sahne in einem Topf erwärmen. Die Schokolade und etwas Zucker dazugeben und solange verrühren, bis eine glatte Soße entstanden ist.

Die Orangen schälen und filetieren. Die Äpfel in Spalten schneiden.

**Anrichten:**
Etwas Calvadosrahm auf dem Teller verteilen, Knödel und Banane dazulegen. Etwas Schokosoße angießen und mit den Orangenfilets und Apfelstücken anrichten.

# Feine Grießknödel

### Knödelteig:

500 ml Milch
150 g Butter
1 Prise Salz
60 g Zucker
250 g Hartweizengrieß
2 Eier
½–1 Zitrone, Abrieb
½ Vanilleschote, Mark
(ergibt ca. 6 Knödel)

### Knödelbrösel:

80 g Semmelbrösel
40 g Zucker
30 g Butter
1 TL Zimt

### Obstsalat:

2 Orangen, Filets, Saft und Abrieb
1 PK Physalis, ca. 100 g
2 Maracujas, Fruchtmark
1 Kiwi
Heidelbeeren
Zucker nach Geschmack

**Knödelteig:** Die Milch mit Butter, Salz und Zucker in einem Topf aufkochen. Den Grieß langsam einrieseln und eindicken lassen, dabei ständig die Masse mit dem Schneebesen verrühren. Jetzt die Eier unterheben, weiterrühren, damit die Masse nicht anbrennt. Zum Schluss den Zitronenabrieb und das Vanillemark dazugeben. Die Knödelmasse abkühlen lassen. Von der Masse Teig abstechen und zu Knödeln formen.

Die Knödel in gesalzenem Zuckerwasser gar ziehen lassen. Alternativ im Backofen bei 100 Grad ca. 15 Minuten garen. Eine Schüssel mit kochendem Wasser dazustellen. Fertige Knödel in den Knödelbröseln wälzen.

**Knödelbrösel:** Semmelbrösel, Zucker, Butter und Zimt in einer Pfanne bei mittlerer Hitze goldgelb rösten.

**Obstsalat:** 1 Orange schälen und filetieren. Die Filets in eine Schüssel füllen. Von der zweiten Orange etwas Schale abreiben und die Frucht auspressen. Den Orangensaft, -abrieb, die Physalis und das Maracuja-Fruchtmark zu den Filets geben. Die Kiwi schälen, in Streifen schneiden und mit den Heidelbeeren unter den Obstsalat mischen. Mit Zucker abschmecken.

# Eierlikör-Minze-Knödel mit Mangocreme, Früchten und Pumpernickel

Diese Kugeln haben das Zeug zu absoluten Lieblingsknödeln. Gefüllt werden sie mit einer leckeren Eierlikör-Mandelcreme. Der eigentliche Knödelteig besteht aus Quark, Pistazien und Minze, die zusammen fein püriert werden – daher die grüne Teigfarbe. Die Kombination Eierlikör-Mandelcreme mit diesem Knödelteig schmeckt unseres Erachtens grandios! Himbeermark, Mango, Maracuja, Kaki und Kiwi sind perfekte Begleiter. Und wer meint, Pumpernickel nicht zu mögen, sollte ihn mal karamellisiert probieren. Ein Geschmack wie dunkle Knusperschokolade, nur viel besser! Man könnte die Knödel auch in karamellisiertem Pumpernickel wälzen, statt in Schokolade. So macht Knödelliebe richtig Spaß.

## Sie brauchen dazu:

### Eierlikörfüllung:

50 g Mandelblättchen
50 g Eierlikör
35 g Ricotta
Etwas Vanilleabrieb aus der Mühle
10 g Zucker

### Eierlikör-Minze-Knödel:

160 g Quark, ausgedrückt
35 g Butter
1 Eigelb
2 PK Vanillezucker
Etwas Vanille aus der Mühle
½ Limette, Abrieb und Saft
30 g Zucker
50 g Pistazien
5 g Minze
180 g Brioche
50–60 g Semmelbrösel
150 g Schokoblättchen oder geröstete Pumpernickelbrösel
(ergibt ca. 5–6 Knödel)

**Eierlikörfüllung:** Die Mandelblättchen in einer Pfanne ohne Fett rösten, bis sie zu duften beginnen. In einem Mixer fein pürieren. Das Mandelmehl mit Eierlikör, Ricotta, Vanille und Zucker in eine Schüssel füllen und gut verrühren. Die Masse in 3–4 cm Silikonhalbkugelformen streichen und im Tiefkühlfach gefrieren lassen.

**Eierlikör-Minze-Knödel:** Quark, flüssige Butter, Eigelb, Vanillezucker, Vanille, Limettensaft,-abrieb und Zucker in einer Schüssel mit dem Handmixer verrühren.
Die Pistazien und Minzblätter in einem Mixer fein pürieren und zum Quarkteig geben. Klein geschnittenes Brioche und Semmelbrösel unterheben und zu einem homogenen Teig verarbeiten. Die Masse mindestens 1 Stunde kalt stellen und durchziehen lassen. Von der Masse Teig abstechen und zu Knödeln formen. Knödel flach drücken und jeweils in die Mitte zwei halbe Eierlikörkugeln übereinander setzen. Teig nach oben ziehen und verschließen. Einen Probeknödel in gesalzenem Zuckerwasser gar ziehen lassen und Konsistenz prüfen. Gegebenenfalls etwas mehr Semmelbrösel zur Knödelmasse geben. Sobald der Teig die richtige Festigkeit hat, alle Knödel garen. In Schokoblättchen oder gerösteten Pumpernickelbröseln wälzen.

## Pumpernickelbrösel:

100 g Pumpernickel
2 EL Zucker

## Mangocreme:

3 Gelatineblätter
200 ml Kokosmilch
250 g Mango
30 g Zucker
50 g Ricotta
½ Limette, Saft und Abrieb
etwas Rum

## Himbeermark:

250 g Himbeeren
2 EL Zucker

## Helle Himbeersoße:

Ricotta
Kokosmilch
Puderzucker
Himbeermark

## Fruchtsalat:

1 Mango
1 Kiwi
1 Kaki
3 Passionsfrüchte
100 g Heidelbeeren
1 Orange, Filets und Abrieb
2 Orangen, Saft
Zucker

**Pumpernickelbrösel:** Pumpernickel klein schneiden und zusammen mit dem Zucker in einer Pfanne langsam karamellisieren lassen.

**Mangocreme:** Gelatineblätter in kaltem Wasser einweichen. Kokosmilch erwärmen und Gelatine darin auflösen. Mango und Zucker in einem Mixer fein pürieren und in eine Schüssel umfüllen. Ricotta, Kokosmilch, Limettenabrieb, -saft, etwas Rum dazugeben und verrühren. Die Masse für ein paar Stunden kalt stellen oder über Nacht im Kühlschrank abgedeckt anziehen lassen.

**Himbeermark:** Himbeeren zusammen mit dem Zucker in einem Mixer fein pürieren. Durch ein Sieb streichen und das Mark in einer Schüssel auffangen.

**Helle Himbeersoße:** Etwas Ricotta, Kokosmilch und Puderzucker verrühren. Himbeermark nach Geschmack unterrühren.

**Fruchtsalat:** Mango, Kiwi und Kaki schälen, in Würfel oder Spalten schneiden und in eine Schüssel füllen. Passionsfrüchte halbieren, deren Fruchtfleisch sowie die Heidelbeeren untermischen. Orangensaft, -abrieb und die Orangenfilets mit den Früchten in der Schüssel vermischen. Mit Zucker abschmecken.

**Anrichten:**
Himbeermark auf den Teller gießen. Knödel dazulegen. Mit Obstsalat und etwas heller Himbeersoße anrichten. Mit Pumpernickelbrösel und Puderzucker garnieren.

# Unsere gebackenen Eisknödel

## Eisknödel:

500 g fertig gebackener Biskuitteig vom Bäcker
100 ml Orangensaft
4 EL Rum
4–6 Holunderbeeren-parfait-Kugeln siehe Seite 159
(Vanilleeis wäre klassisch)
1–2 Eier
3 EL Sahne
80 g Semmelbrösel
Frittieröl
Puderzucker

## Himbeersoße:

150 g Himbeeren
etwas Puderzucker nach Geschmack
Ein paar Himbeeren und Heidelbeeren zum Dekorieren
Die Himbeeren und den Puderzucker in einen Mixer geben und pürieren. Durch ein Sieb streichen.

**Eisknödel:** Den Biskuit mit Orangensaft und Rum beträufeln, klein schneiden und in einem Mixer pürieren. Die Biskuitbrösel müssen jetzt leicht feucht und gut verknetbar sein. Vom Holunderbeerenparfait Kugeln abstechen und mindestens 3 Stunden im Tiefkühlfach gefrieren lassen. Die Kugeln sollen richtig hart sein.
Jede Eiskugel in einen Biskuit-Bröselmantel packen und diesen fest andrücken. Die Knödel wieder 2 bis 3 Stunden im Tielfkühlfach gefrieren lassen. Dieser gefrorene Biskuitmantel schützt das Eis beim Frittieren.
Die Eier in einem tiefen Teller mit etwas Sahne verrühren.
Die Semmelbrösel in einen zweiten Teller füllen.
Die harten Eiskugeln kurz durch die Eimasse ziehen und in Semmelbröseln wälzen. Das Öl in einem Topf erhitzen.
Die Eiskugeln im heißen Öl frittieren bis sie überall goldbraun sind. Die Knödel dabei ständig drehen.
Die fertigen Knödel mit Puderzucker bestreuen.

# Pistazien-Zitronenknödel mit Melone, Rhabarber und Joghurt

Pistazien- und Zitrusaromen lieben sich! Deshalb basiert diese Knödelfüllung auf leicht gerösteten Pistazien, die zusammen mit gerösteten Mandelblättchen zu einem Mus verarbeitet werden. Die Grundlage für den eigentlichen Knödelteig ist eine Art Zitronenquark, der perfekt mit der Pistazienfüllung harmoniert. Umhüllt werden die Knödel von gerösteten Mandelbröseln. Sehr erfrischend dazu sind ein Minze-Joghurt-Sößchen, der gebackene Rhabarber und die Melonenwürfel. Wer mag, gibt noch eine kleine Nougatsoße zur Abrundung dazu. Alles zusammen ergibt ein Aromenspiel, das Sie direkt in den Olymp purer Knödellust führt.

## Sie brauchen dazu:

### Knödelfüllung:

25 g grüne Pistazien
10 g Mandelblättchen
1 EL Zucker
4 EL Sahne
1–2 Stängel Minze
10 g Butter, weich

### Pistazien-Zitronenknödel:

250 g Quark
1 Ei
2 PK Vanillezucker
Zitronenabrieb und Zitronensaft, nach Geschmack
20 g Butter
20 g Zucker
90 g getrocknetes Knödelbrot
(Zutaten für ca. 6 Knödel)

### Joghurtsoße:

150 g Joghurt
3 EL Akazienhonig
etwas Minze, fein gehackt

**Knödelfüllung:** Die Pistazien und Mandelblättchen in einer Pfanne etwas rösten und mit Zucker leicht karamellisieren. Zusammen mit der Sahne, Minze und Butter in einem Mixer fein pürieren.
Das Pistazienmus in 3 cm-Silikonhalbkugelformen füllen. Ins Tiefkühlfach stellen und gefrieren.
Gefrorene Halbkugeln aus der Form lösen und jeweils zwei zu einer ganzen Kugel zusammensetzen.

**Pistazien-Zitronenknödel:** Den Quark ausdrücken oder über Nacht in einem Sieb abtropfen lassen. Es sollten ca. 180 Gramm übrig bleiben. Alle Zutaten zu einem homogenen Teig mit einem schönen Zitronenaroma vermischen. Die Masse mindestens 1 Stunde kalt stellen. Teig abstechen und zu Knödel formen.
Knödel flach drücken und mit je einer Pistazienkugel füllen, den Teig nach oben ziehen und verschließen.
In gesalzenem Zuckerwasser gar ziehen lassen.
Knödel aus dem Topf nehmen, abtropfen und in den Mandelbröseln (siehe Seite 112) wälzen.

**Joghurtsoße:** Alle Zutaten zusammen zu einer Soße verrühren und etwas fein gehackte Minze unterheben.

## Rhabarber-Melonensalat:

350 g Rhabarber
etwas Zimt
125 g Himbeeren
3–4 Scheiben Ingwer
5–6 Minzstängel
200 g Zucker
200 ml Wasser
200 g Wassermelonenwürfel

## Nougatsoße:

50 g Nougat
6 EL Sahne

## Mandelbrösel:

100 g Mandelmehl
70 g Semmelbrösel
1 EL Zucker
1 EL Butter

## Zusätzlich:

Puderzucker

**Rhabarber-Melonensalat:** Backofen auf 130 Grad vorheizen. Den Rhabarber schälen und in Stücke schneiden. In eine feuerfeste Form legen und mit etwas Zimt bestreuen. Die Himbeeren, Ingwerscheiben und die klein geschnittene Minze inklusive der Stängel darüber verteilen. Den Zucker im Wasser aufkochen und über den Rhabarber gießen.

Die Form in den Backofen schieben. Nach circa 45 Minuten die Wassermelonenwürfel ebenfalls in die Form füllen. Nach etwa 1 Stunde aus dem Ofen nehmen. Der Rhabarber sollte noch etwas Biss haben.

**Nougatsoße:** Nougat und Sahne in einem Topf erwärmen und zu einer Soße verrühren.

**Mandelbrösel:** Mandelmehl, Semmelbrösel und Butter mit etwas Zucker in einer Pfanne goldgelb rösten.

**Anrichten:**
Nougat- und Joghurtsoße auf einem Teller angießen. In die Mitte ein oder zwei Knödel setzen. Den Rhabarber und die Melonenwürfel rundum verteilen. Mit etwas Puderzucker bestreuen.

# Mohnknödel

**Mohnknödel:**
400 g Milch
30 g Butter
50 g Zucker
1 TL Zimt
50 g Mohn
1 Ei
2 EL Schmand
1 Orange, Abrieb
1 Limette, Abrieb
250 g Brioche, vom Vortag
(Zutaten für ca. 6 Knödel)

**Haselnuss-Brösel:**
100 g Haselnussmehl
2 EL Zucker
20 g Butter

**Orangenfond:**
200 ml Orangensaft
40 g Zucker
eine Prise Zimt
etwas gehackte Minze
1 Blatt Gelatine

**Zusätzlich:**
Himbeeren
Birnenspalten
etwas Limettensaft
etwas Orangensaft
etwas Zucker

**Mohnknödel:** Milch, Butter, Zucker und Zimt in einem Topf aufkochen. Mohn dazugeben und circa 5 bis 10 Minuten quellen lassen – dabei ständig rühren. Den Topf vom Herd nehmen, die Masse in eine Schüssel umfüllen und abkühlen lassen. Das Ei, den Schmand sowie den Limetten- und Orangenabrieb zufügen und gut unterrühren. Klein geschnittenes Brioche unterheben und alles zusammen zu einem homogenen Teig verarbeiten. Die Masse 1 Stunde in den Kühlschrank stellen. Von der Masse Teig abstechen und zu Knödeln formen. In gesalzenem Zuckerwasser gar ziehen lassen.

**Haselnuss-Brösel:** Haselnussmehl, Butter und Zucker in einer Pfanne bei mittlerer Hitze langsam rösten. Die gekochten Knödel etwas abtropfen lassen und in den Bröseln wälzen.

**Orangenfond:** Orangensaft, Zucker und Zimt aufkochen und etwas einkochen lassen. Das Gelatineblatt in kaltem Wasser ein paar Minuten einweichen, ausdrücken und in der heißen Flüssigkeit auflösen. Minze unterrühren und abkühlen lassen.

Himbeeren und Birnen mit Limettensaft, Orangensaft und Zucker marinieren und alles zusammen anrichten.

# Cheesecake-Knödel mit Erdnüssen, Mispeln und Heidelbeerconsommé

Sie müssen im Vorfeld keinen Käsekuchen backen, um diese leckeren Knödel herzustellen. Vielmehr sind die gleichen Komponenten enthalten, wie in einem amerikanischen Käsekuchen. Das wären als Hauptdarsteller Frischkäse, etwas Zitrone und Kekse sowie zusätzlich Cornflakes. Als Krönung bekommt der Cheesecake-Knödel eine knusprige Hülle aus gerösteten Erdnüssen. Ergänzt mit den fruchtigen Aromen der Heidelbeere, der Mispel (Pfirsich geht auch) und Joghurt entsteht daraus eine wunderbare Süßspeise, die nicht nur Käsekuchenliebhaber überzeugen wird.

## Sie brauchen dazu:

### Cheesecake-Knödel:

80 g Butterkekse
80 g Cornflakes
300 g Frischkäse
25 g Butter, weich
1 Ei
60 g brauner Rohrzucker
1 EL Rum
1 Vanilleschote, Mark
½ Limette, Saft und Abrieb
50 g Milchbrötchen vom Vortag
(Zutaten für ca. 6 Knödel)

### Erdnussbrösel:

150 g Erdnüsse
1 EL Zucker

### Heidelbeerconsommé:

250–300 g Heidelbeeren
200 ml Prosecco
60 g Zucker
¼ EL Stärke

### Zusätzlich:

4–5 Mispeln, geviertelt
50 g Joghurt, mit etwas Puderzucker verrührt
Puderzucker

**Cheesecake-Knödel:** Die Butterkekse und Cornflakes in einem Mixer pürieren. Frischkäse Butter, Ei und Zucker in eine Schüssel füllen und mit einem Handmixer aufschlagen. Rum, Vanille, Limettenabrieb und -saft untermischen. Zusammen mit den klein geschnittenen Milchbrötchen und den Keksbröseln zu einem homogenen Teig verarbeiten.
Knödelmasse mindestens 1 Stunde kühl stellen.
Von der Masse Teig abstechen und daraus Knödel formen. In gesalzenem Zuckerwasser gar ziehen lassen.

**Erdnussbrösel:** Die Erdnüsse klein hacken und zusammen mit dem Zucker in einer Pfanne bei mittlerer Hitze leicht karamellisieren lassen.
Die fertigen Knödel darin wälzen.

**Heidelbeerconsommé:** Die Früchte in einen Topf füllen. Einige schöne Früchte zur Seite legen. Gemeinsam mit dem Prosecco und dem Zucker aufkochen. In einem Mixer fein pürieren. Eventuell mit etwas Stärke binden. Die restlichen Heidelbeeren dazugeben.

**Anrichten:**
Den Knödel auf einen Teller setzen.
Heidelbeerconsommé angießen. Mit Mispeln und Joghurt garnieren. Mit Puderzucker bestäuben.

# Erdbeer-Minze-Knödel im feinen Rhabarbersüppchen

KNÖDEL LUST ›süß‹

Dieses fruchtig-aromatische Zusammenspiel läutet den Sommer ein. Falls Ihre Erdbeeren nicht richtig süß sind, einfach die gewaschenen Erdbeeren abtropfen lassen und in Puderzucker wälzen bis sie weiß sind, bevor man sie mit Teig umhüllt. Im Rhabarbersüppchen lassen Sie die übrig gebliebenen, angedrückten Stängel der Minze und – unbedingt mal probieren – einige Stängel Thymian mitziehen. Er gibt dem Süppchen eine geschmackliche Tiefe. Um eine schöne, rötliche Farbe zu bekommen, einfach ein paar Erdbeeren oder Himbeeren in den Fond dazugeben. Dann steht dieser süßen Knödelliebe nichts mehr im Weg.

## Sie brauchen dazu:

### Erdbeerknödel:

250 g Quark
10 g Minze
25 g Zucker
½ Orange, Abrieb und Saft
1 Ei
2 PK Vanillezucker
Etwas Zitronensaft
120 g Semmelbrösel
mind. 6 Erdbeeren
Puderzucker
(Zutaten für ca. 6 Knödel)

### Rhabarbersud:

400 g Rhabarber,
200 g davon in Rauten geschnitten
150 g Zucker
5 Erdbeeren oder 10 Himbeeren
2 PK Vanillezucker
400 ml Rosamund
(Erdbeersecco
vom Weingut Schott)
oder Prosecco
10 kleine Stängel Thymian
5 Stängel Minze

etwas gehackte Minze

**Erdbeerknödel:** Quark über Nacht in einem Tuch abtropfen lassen oder in einem Nussmilchbeutel ausdrücken. Es sollen ca. 180 g Quark übrig bleiben. Den Quark mit der Minze in einem Mixer fein pürieren. Zusammen mit allen anderen Zutaten in einer Schüssel gut vermengen und zu einem homogenen Teig verarbeiten. Den Knödelteig mindestens 1 Stunde kühl stellen. Danach Teig abstechen und zu Knödeln formen. Diese Knödel flach drücken und mit je einer Erdbeere belegen. Vorher noch von den Erdbeeren die Spitze abschneiden, damit die Knödel schön rund geformt werden können. Falls die Erdbeeren nicht süß genug sind, etwas anfeuchten und in Puderzucker wälzen. Den Teig über die Erdbeeren ziehen und verschließen. Knödel in gesalzenem Zuckerwasser gar ziehen lassen.

**Rhabarbersud:** Die Hälfte des Rhabarbers in einen Topf geben. Die weiteren Zutaten hinzufügen. Einmal aufkochen und bei kleiner Hitze eine halbe Stunde ziehen lassen. Sud durch ein Sieb abseihen und nochmals aufkochen. Jetzt den in Rauten geschnittenen Rhabarber im Rhabarbersud gar ziehen lassen.

**Anrichten:**
Rhabarbersud in einen tiefen Teller geben. Knödel hineinlegen, mit Minze garnieren und servieren.

# Holunderblüten-Knödel mit Erdbeeren, Minzsoße und salzigen Butterbröseln

Wenn im Juni der Holunder blüht, ist es Zeit, Holunderblütensirup anzusetzen. Dieser spielt die Hauptrolle bei diesen Knödeln, denn sie werden damit gefüllt. Umhüllt wird die Füllung von einem Schmandteig – ein wunderbarer Begleiter zu den feinen, blumigen Aromen der Holunderblüten. Um ein intensives Geschmackserlebnis zu erreichen, kommt der Sirup in Reinform als kleine Kugel in den Knödel. Dazu gesellen sich leicht salzige Butterbrösel, Erdbeeren, etwas Erdbeermus und ein Minzsößchen. Eine Basilikumsoße würde auch passen. Wer den Geschmack von Holunderblüten mag, findet hier sein großes Knödelglück.

## Sie brauchen dazu:

### Knödelteig:

1 Ei
30 g Zucker
3 PK Vanillezucker
40 g Butter, weich
250 g Schmand
100 g Mehl
15 g Stärke
25 g Grieß
etwas Limettenabrieb
100 g Toastbrot, trocken, ohne Rinde
(Zutaten für ca. 6 Knödel)

### Holunderblütenfüllung:

500 g Holunderblütensirup
2 g Agar Agar oder
6 Blatt Gelatine

**Knödelteig:** Ei, Zucker, Vanillezucker und weiche Butter mit dem Handmixer aufschlagen. Schmand, Mehl, Stärke, Grieß dazugeben und glatt verrühren. Limettenabrieb und klein geschnittenes Toastbrot unterheben und zu einer homogenen Knödelmasse verarbeiten. Teig für mindestens 1 Stunde kühl stellen. Von der Masse Teig abstechen und zu Knödeln formen. Knödel flach drücken und jeweils eine Kugel Holunderblütensirup daraufsetzen. Teig um die Kugel herum verschließen und im gesalzenen Zuckerwasser gar ziehen lassen.

**Holunderblütenfüllung:** Den Holunderblütensirup aufkochen, Agar Agar oder Gelatine einrühren, Silikonhalbkugelformen mit 3 cm Durchmesser damit füllen und in den Kühlschrank stellen, bis die Flüssigkeit fest geworden ist. Falls Sie Gelatine verwenden, die Blätter vorher in kaltem Wasser einweichen und dann im erwärmten Holunderblütensirup auflösen. In die Halbkugelformen gießen und kalt stellen, bis der Sirup fest geworden ist. Halbkugeln aus der Form lösen, jeweils zwei Hälften zu einer Kugel zusammensetzen und die Knödel damit füllen.

### Erdbeersoße:

500 g Erdbeeren
1 PK Vanillezucker
60 g Holunderblütensirup
ggf. etwas Zucker
nach Geschmack

### Salzige Butterstreusel:

100 g Mandelmehl
100 g Butter
100 g Mehl
50 g Zucker
Salz nach Geschmack, der Teig soll schon leicht salzig schmecken

### Minzsoße:

50 g Minze mit Stielen
1 TL Zitronensaft
Etwas Orangenabrieb
25 g Mandeln
20 g Zucker
100 ml Orangensaft

**Erdbeersoße:** Die Erdbeeren zusammen mit Vanillezucker und Holunderblütensirup in einem Mixer fein pürieren. Durch ein Sieb streichen und nach Geschmack mit Zucker nachsüßen.

**Salzige Butterstreusel:** Die Zutaten in eine Schüssel geben, verkneten und Streusel formen. Backofen auf 160 Grad vorheizen. Die Streusel auf einem mit Backpapier ausgelegten Backblech verteilen und ca. 45 Minuten goldgelb backen.

**Minzsoße:** Alle Zutaten in einem Mixer fein pürieren und mit etwas Zucker abschmecken.

**Anrichten:**
Salzige Butterstreusel auf einem Teller anrichten. Erdbeersoße angießen. Knödel darauf platzieren. Mit ein paar Erdbeeren garnieren und Minzsoße rund um die Knödel und Erdbeeren verteilen. Mit Puderzucker bestäuben.

# Unsere Milchreis-Kokosknödel

### Aprikosenfüllung:

**Schritt 1:**
100 g eingelegte Aprikosen aus der Dose oder frische
15 g Zucker
1 EL Limette, Saft
1 EL Weißwein

**Schritt 2:**
150 g Aprikosen
Frischer Rosmarin, nach Geschmack
1 Limette, Abrieb
1 PK Vanillezucker

### Milchreis-Kokosknödel:

1 Liter Milch
25 g Butter
250 g Milchreis
1 Eigelb
80 g Kokosraspel
1 EL Zitronenabrieb
150 g Semmelbrösel
1 EL Stärke
50 g Zucker
(Zutaten für 6–8 Knödel

Zimt und Zucker

**Garflüssigkeit:**
1 Liter Milch
20 g Zucker
20 g Butter
alternativ: Frittieröl

### Vanillesoße:

Siehe Seite 150

**Schritt 1:** Alle Zutaten in einem Mixer fein pürieren und in eine Schüssel füllen.

**Schritt 2:** Aprikosen in kleine Würfel schneiden (ca. 2–3 mm). Rosmarinnadeln fein hacken, zusammen mit dem Limettenabrieb und Vanillezucker zu den Aprikosenwürfeln geben und gut vermischen. Jetzt die Aprikosenwürfel mit dem Aprikosenpüree verrühren. Die Aprikosenmasse in Silikonhalbkugelformen füllen und in das Gefrierfach stellen. Jeweils zwei gefrorene Halbkugeln zu einer Kugel zusammensetzen.

**Milchreis-Kokosknödel:** Den Milchreis mit Milch und Butter unter ständigem Rühren solange kochen, bis der Reis gar ist, abkühlen lassen. Eigelb, Kokosraspel, Zitronenabrieb, Semmelbrösel, Stärke und Zucker unterheben – alles gut vermengen. 1 Stunde im Kühlschrank ziehen lassen. Von der Knödelmasse Teig abstechen und zu Knödeln formen, flach drücken und mit je einer Aprikosenkugel füllen. Knödelteig gut verschließen. Die Knödel entweder in gezuckerter Milch mit etwas Butter gar ziehen lassen oder in Frittieröl langsam herausbacken. Zimt und Zucker vermengen und die Knödel darin wälzen. Eine Vanillesoße passt auch dazu (siehe Seite 128).

# Gefüllte Schokoknödel mit Portweinkirschen, Quarkcreme und Estragoneis

Kirschen und Zartbitterschokolade gehören einfach zusammen. Wer keine Zartbitterschokolade mag, nimmt einfach Vollmilchschokolade. Aber selbst Zartbitter-Verächter wurden beim Verkosten dieser Knödel schon überzeugt! In Kombination mit der Füllung aus gerösteten Mandelblättchen, etwas Marzipan und Ricotta entsteht ein fein austariertes Gaumenerlebnis. Vollreife Herzkirschen, eingelegt in einem Sud aus Portwein, Rotwein, Karamell, Zimt und Vanille, sorgen für die fruchtige Komponente. Besonders ans Herz legen möchten wir Ihnen dazu ein Estragoneis – zu den Schokoknödeln und den Kirschen passt das einfach perfekt. Ergänzt mit einer feinen Quarkcreme und einer Kirschcreme entsteht daraus eine verführerische Süßspeise – Knödellust pur.

## Sie brauchen dazu:

### Knödelfüllung:

100 g Mandelblättchen
100 g Marzipan
50 g Ricotta
etwas Zucker
etwas Amaretto
Mandelmehl

### Schokoknödelteig:

100 g Quark, ausgedrückt
2 Eier
60 g brauner Zucker
2 PK Vanillezucker
1 EL Rum
½ Zitrone, Abrieb
100 g Zartbitterschokolade
100 ml Sahne
300 g Brioche, vom Vortag
ggf. Semmelbrösel
(Zutaten für ca. 8 Knödel)

**Knödelfüllung:** Die Mandelblättchen in einer Pfanne ohne Fett bei mittlerer Hitze rösten bis sie zu duften beginnen. Sie sollten nicht zu dunkel werden. In einem Mixer zusammen mit dem Marzipan, Ricotta, Amaretto und etwas Zucker pürieren und abschmecken. Etwas Mandelmehl unterheben, damit man eine festere Konsistenz erreicht – aus dem Teig schöne Kugeln formen.

**Knödelteig:** Quark, Eier, Zucker, Vanillezucker, Rum und Zitronenabrieb in einer Schüssel verrühren. Schokolade in einem Topf zusammen mit der Sahne bei kleiner Hitze schmelzen lassen, bis sich beide Zutaten gut verbinden. Geschmolzene Schokolade mit der Quarkmasse vermengen. Klein geschnittenes Brioche unterheben und alles zusammen zu einem homogenen Teig verkneten. Mindestens 1 bis 2 Stunden kalt stellen. Falls der Teig zu weich sein sollte, Semmelbrösel zugeben. Von der Masse Teig abstechen und zu Knödeln formen. Diese Knödel flach drücken und mit je einer Marzipan-Ricottakugel füllen. Den Teig um die Kugeln herum hochziehen, verschließen, zu Knödeln formen und in gesalzenem Zuckerwasser garen.

### Mandelbrösel:

200 g Mandeln
15 g Zucker

### Quarkcreme:

100 g Quark
100 g Sahne
2 PK Vanillezucker
1 Zitrone, Abrieb
Puderzucker nach Geschmack

### Kirschcreme:

ca. 100 g Crème fraîche
Kirschsaft aus den Portweinkirschen nach Geschmack
6 EL Orangensaft
Puderzucker nach Geschmack

### Estragoneis:

500 g Ricotta
600 ml Sahne
80–100 g Puderzucker, nach Geschmack
60–70 g Estragonblätter
½ Zitrone, Saft

### Portweinkirschen:

600 g reife Herzkirschen oder entsteinte TK-Ware
20 g Butter
80 g brauner Zucker
300 ml Portwein
200 ml Rotwein
200 ml Kirschsaft
½ Zimtstange
1 Vanilleschote
1 EL Rum

**Mandelbrösel:** Die Mandeln hacken, zusammen mit Zucker in einer Pfanne ohne Fett bei mittlerer Hitze langsam rösten. Die Mandeln sollen gut durchgeröstet und leicht karamellisiert sein.
Die fertigen Knödel in diesen Mandelbröseln wälzen.

**Quarkcreme:** Alle Zutaten in einer Schüssel verrühren und abschmecken.

**Kirschcreme:** Die Zutaten in einer Schüssel vermengen und abschmecken.

**Estragoneis:** Ricotta, Sahne, Puderzucker und 40 g Estragon in einem Mixer fein pürieren. Restliche Estragonblätter fein schneiden und zur Eismasse mischen. Die Masse mit Zitronensaft abschmecken und solange mischen, bis sich der Zucker gelöst hat. Grundsätzlich muss die Masse etwas zu süß schmecken, da beim Abkühlen oder Gefrieren der Zucker an Süßkraft verliert. In einer Eismaschine das Estragoneis cremig rühren. Alternativ die Masse in einer Schüssel im Tiefkühlfach zu einem Parfait gefrieren lassen. Das Parfait in Scheiben geschnitten servieren.

**Portweinkirschen:** Die Herzkirschen entkernen. Butter und Zucker in einer Pfanne bernsteinfarben karamellisieren. Mit Portwein, Rotwein und Kirschsaft aufgießen, die Zimtstange, das Vanillemark und die Vanillestange in die Flüssigkeit geben und auf die Hälfte einkochen. Jetzt den Rum und die Kirschen hinzufügen. Die Pfanne vom Herd nehmen und nur noch ziehen lassen.

**Anrichten:**
Kirschen auf den Teller legen, Knödel ansetzen und mit Quarkcreme, Kirschcreme und Estragoneis anrichten.

# Süße Quarkknödel

**Quarkteig:**
2 Eigelbe
50 g Zucker
ca. 190 g Quark, ausgedrückt
40 g Butter, flüssig
1 Vanilleschote, Mark
etwas Tonkabohne, Abrieb
etwas Limettenabrieb
80 g Knödelbrot
1 EL Semmelbrösel
(Zutaten für ca. 4 Knödel)

**Semmelbrösel:**
60 g Semmelbrösel
1 EL Zucker
30 g Butter

**Himbeermark:**
200 g Himbeeren
3–4 EL Zucker

**Quarkteig:** Eigelbe, Zucker und Quark mit einem Handmixer aufschlagen. Die Butter unterrühren. Vanillemark, Tonkabohnen- und Limettenabrieb, zusammen mit klein geschnittenem Knödelbrot und Semmelbröseln zu einem kompakten Teig vermengen. Den Quarkteig für mindestens 1 Stunde kühl stellen. Von der Masse Teig abstechen und zu Knödeln formen. In gesalzenem Zuckerwasser gar ziehen lassen und in den gerösteten Semmelbröseln wälzen.

**Semmelbrösel:** Semmelbrösel, Zucker und Butter in einer Pfanne bei mittlerer Temperatur langsam rösten, bis sie eine schöne goldgelbe Farbe haben.

**Himbeermark:** Himbeeren zusammen mit dem Zucker in einem Mixer fein pürieren. Durch ein Sieb streichen und das Himbeermark zu den Knödeln reichen.

Mit Früchten nach Geschmack anrichten. Eine Vanillesoße (siehe Seite 128) passt auch sehr gut dazu.

# Apfelstrudel-Knödel mit Walnussstreuseln, Apfelsorbet, Zimteis und Vanillesoße

Ein guter Apfelstrudel ist einfach köstlich. Warum nicht aus dem Prinzip Apfelstrudel Knödel machen? Gesagt, getan – Strudelteig vorbereitet, Apfelfüllung hergestellt, einen Knödel daraus geformt, rein damit in die Fritteuse und langsam herausgebacken. Das Ergebnis – einfach lecker! Außen richtig knusprig, strudelig im Geschmack und innen Apfelstrudel pur. Dazu ein paar Walnuss-Streusel und ein Zimteis (Vanilleeis oder Karamelleis passen genauso) und als Gegenspieler zum Knödel ein fruchtiges Apfelsorbet aus grünen Äpfeln mit etwas Minze. Abgerundet wird dieses Apfeldessert mit einer Vanillesoße, die alle Geschmackskomponenten verbindet. Stellt sich nur noch die Frage, was besser ist: Apfelstrudel oder Apfelknödel? Probieren Sie es aus. Wir haben uns schon entschieden :-)

## Sie brauchen dazu:

### Strudelteig:

250 g Mehl
1 Prise Salz
1 Ei
20 g Butter
100 ml lauwarmes Wasser
30 ml Sonnenblumenöl

### Apfelfüllung:

25 g Butter
4–5 klein gewürfelte Äpfel, je nach Größe
50 g Zucker
½ Teelöffel Zimt
Saft und Abrieb von ½ Zitrone
40 g geröstetes Haselnuss- oder Mandelmehl
1–2 Esslöffel Rum

Frittieröl
Puderzucker

**Strudelteig:** Alle Zutaten solange verkneten, bis ein elastischer Teig entsteht. Diesen zu einer Kugel formen und rundum mit Sonnenblumenöl bestreichen.
Den Teig in eine Schüssel legen, die ebenfalls mit Sonnenblumenöl ausgestrichen wurde. Die Schüssel mit einem Tuch abdecken und ca. 30 Minuten stehen lassen.

In der Zwischenzeit die Apfelfüllung zubereiten.

**Apfelfüllung:** Die Butter in einer Pfanne aufschäumen, die Äpfel zusammen mit allen anderen Zutaten dazugeben und bissfest garen. Die Füllung abkühlen lassen.

Den Strudelteig auf einer bemehlten Arbeitsfläche mit einem Nudelholz ausrollen. Den Teig in circa 12 bis 15 cm große Quadrate schneiden und jeweils mit 2 Esslöffeln der Apfelmasse füllen. Den Teig um die Apfelmasse herum verschließen. Falls etwas Teig übersteht, einfach wegschneiden.
Das Frittieröl erhitzen, die Knödel hineinlegen und bei niedriger Temperatur ausbacken. Die Knödel im Topf immer wieder mal drehen. Auf einem Tuch abtropfen lassen und mit Puderzucker bestäuben.

### Vanillesoße:
3 Eigelbe
15 g Speisestärke
200 g Sahne
400 g Milch 1,5 % Fettanteil
60 g Zucker
1 Vanilleschote, Mark & Schote

### Walnussstreusel:
50 g kalte Butter
50 g Zucker
50 g Walnüsse, gemahlen
1 Prise Salz
1 Prise Zimt

### Zimteis:
500 ml Milch
2 TL Zimt
80 ml Espresso
5 Kardamomkapseln
2 Eigelbe
130 g Zucker
125 g saure Sahne
200 g Sahne

### Apfelsorbet:
2 Blatt Gelatine
300 ml Apfelsaft
300 g Granny Smith, entkernt
80 g Zucker
8 g Minze
½ Limette, Saft und Abrieb

### Zusätzlich:
Puderzucker
etwas Minze

**Vanillesoße:** Die Eigelbe mit einem Handmixer aufschlagen, Speisestärke, 30 g Zucker und Sahne dazugeben und solange rühren, bis eine klümpchenfreie Eiersahne entsteht.

Die Milch mit 30 g Zucker, Vanilleschote und Vanillemark aufkochen. Die Eiersahne mit dem Schneebesen in die Milch einrühren und so lange weiterrühren, bis die Soße eindickt.

**Walnussstreusel:** Die kalte Butter in Stücke schneiden und mit den restlichen Zutaten, entweder mit dem Knethaken des Handmixers oder mit den Händen, zu Streuseln formen. Sie werden schöner, wenn sie vor dem Backen ca. 20 Minuten im Kühlschrank durchziehen. Streusel auf einem mit Backpapier belegtem Blech verteilen und im vorgeheizten Ofen bei 200 Grad ca. 15 Minuten goldbraun backen.

**Zimteis:** Zimt, Espresso und Kardamomkapseln in der Milch aufkochen. Kardamomkapseln aus der Milch entfernen. Eigelbe und Zucker mit dem Handmixer verrühren.
Ein wenig Zimtmilch zu den Eigelben gießen und weiter aufschlagen, bis eine Bindung entsteht. Jetzt den Rest der Milch langsam unter die Eimasse mischen, dabei ständig weiterrühren, damit die Bindung erhalten bleibt.
Die saure Sahne unterrühren und zum Schluss die steif geschlagene Sahne vorsichtig unterheben.
Die Masse in eine Eismaschine geben und zu cremigem Eis rühren. Alternativ die Eismasse in eine Schüssel füllen, ins Gefrierfach stellen und als Parfait servieren.

**Apfelsorbet:** Gelatine in etwas Wasser einweichen. Apfelsaft und Zucker aufkochen und etwas abkühlen lassen. Die ausgedrückte Gelatine darin auflösen. Zusammen mit den restlichen Zutaten in einem Mixer fein pürieren. In einer Eismaschine zum Sorbet verarbeiten. Alternativ die Sorbetmasse in eine Schüssel füllen und ins Gefrierfach stellen. Alle 30 Minuten durchrühren, bis eine cremige Konsistenz erreicht ist.

**Anrichten:**
Streusel auf einen Teller anrichten, Knödel, Eis und Sorbet dazusetzen und mit Vanillesoße umgießen. Mit Puderzucker bestreuen und mit Minze dekorieren.

# Kartäuserknödel mit Apfelweinschaumsoße

## Kartäuserknödel:

500 g Semmeln vom Vortag
300 ml Milch
50 g Zucker
1 Zitrone, Abrieb
gemahlene Vanille
(eine gute Messerspitze)
eine Prise Salz
3 Eier
150 g Semmelbrösel

Frittieröl
Zimtzucker aus 50 g Zucker
und 1 TL Zimt

## Apfelweinschaumsoße:

4 Eigelbe
etwas gemahlene Vanille
75 g Zucker
1 EL Rum
250 ml Apfelwein

## Karamellisierte Äpfel:

2–3 säuerliche Äpfel schälen und in Ringe schneiden, das Kernhaus entfernen. In einem Topf oder einer Pfanne 200 ml Apfelsaft, 2 EL Zucker und 20 g Butter aufkochen. Die Äpfel hineingeben, die Flüssigkeit verkochen lassen, dabei karamellisieren die Äpfel.

**Kartäuserknödel:** Semmeln klein schneiden und in eine Schüssel füllen. Die Milch in einem Topf leicht erwärmen und den Zucker darin auflösen. Vanille, Salz und Eier mit der Milch verrühren. Diese Eiermilch über die klein geschnittenen Semmeln schütten und durchmischen. Zitronenabrieb dazugeben. Masse 1 Stunde kühl stellen. Teig abstechen und zu Knödeln formen. In Semmelbröseln wälzen. Das Frittieröl erhitzen aber nicht zu heiß werden lassen. Knödel im Öl langsam bräunen lassen und warten, bis sie nach oben steigen. Herausnehmen und im Zimtzucker wälzen.

**Apfelweinschaumsoße:** Einen Topf mit kochendem Wasser vorbereiten, ebenso eine Schüssel, die in den Topf hineinpasst. Soviel Wasser im Topf lassen, dass die Schüssel damit nicht in Berührung kommt. In die Schüssel Eigelbe, Vanille, Zucker, Rum und Wein füllen und auf das heiße Wasserbad setzen. Mit dem Handmixer die Masse solange aufschlagen bis sie dickflüssig ist. Die Schüssel in Eiswasser stellen und weiter schlagen, bis die Soße abgekühlt ist.

# Himbeer-Mascarponeknödel mit Thymianpesto, Karamell und weißer Schokolade

Himbeeraromen und Mascarpone sind eine göttliche Geschmackskombination und bilden die Knödelbasis. Nach dem Kochen werden diese Knödel in einer klassischen Mohn-Zuckermischung gewälzt. Wir hatten schon überlegt, ob wir die Knödel statt in Mohn in feingehacktem Thymian und Minze wälzen, haben es aber gelassen und statt dessen ein süßes Pesto aus den beiden Kräutern hergestellt. Wir meinen, es passt noch viel besser zu den Knödeln. Hinzu kommen etwas Karamell, eine Creme aus weißer Schokolade und ein kleines Sößchen aus Himbeermark, Schmand und etwas Sahne.
Für den Knusper sorgen Mandel-Butterbrösel. Alles zusammen ein Fall für echte Knödelliebe, die Lust auf mehr macht.

## Sie brauchen dazu:

### Himbeerfüllung:

ca. 300 g Himbeeren
40 g Zucker
1 Blatt Gelatine

### Mascarpone-Knödelteig:

250 g Mascarpone
50 g Zucker
2 Eigelbe
1 Limette, Abrieb
300 g Brioche vom Vortag
ggf. etwas Biskuitbrösel
oder Semmelbrösel
(Zutaten für ca. 8 Knödel)

**Himbeerfüllung:** Die Himbeeren zusammen mit Zucker in einem Mixer fein pürieren. Durch ein Sieb streichen und in eine Schüssel füllen. Die Gelatine fünf Minuten in kaltem Wasser einweichen und dann in etwas erwärmtem Himbeermark auflösen. Zum restlichen Himbeermark dazugeben und gut unterrühren. Diese Himbeermasse in 3 cm-Silikonhalbkugelformen gießen und im Tiefkühlfach gefrieren lassen. Aus der Form drücken und jeweils zwei Himbeermark-Halbkugeln zu einer ganzen Kugel zusammensetzen.

**Mascarpone-Knödelteig:** Mascarpone, Zucker und Eigelbe in einer Schüssel verrühren. Mit Limettenabrieb und klein geschnittenem Brioche zu einem homogenen Teig verarbeiten. Die Masse 1 bis 2 Stunden kalt stellen. Falls die Masse zu weich ist, Biskuit- oder Semmelbrösel unterheben bis die Konsistenz passt. Von der Masse Teig abstechen und zu Knödeln formen. Die Knödel flach drücken und mit einer Himbeerkugel füllen.
Den Teig um die Kugel herum verschließen.
In gesalzenem Zuckerwasser gar ziehen lassen.

### Mohnzucker für die Knödel:

100 g Mohn, gemahlen
1 EL Zucker

### Karamelsoße:

40 g Zucker
30 g Butter
150 ml Sahne

### Weiße Schokoladencreme:

4 Blätter Gelatine
150 g weiße Kuvertüre
100 ml Milch
50 m Sahne
4 Eigelbe
etwas Zucker

### Thymian-Minz-Pesto:

25 g Thymian
5 g Minze
50 g Mandeln
40 g Puderzucker
1 ½ Zitronen, Saft
1 Orange, Saft
5 EL Weißwein
1 EL Sonnenblumenöl

### Mandelbrösel:

50 g Butter
50 g Mandeln
50 g brauner Rohrzucker
50 g Mehl
etwas Salz

**Mohnzucker:** Den Mohn in einer Pfanne leicht rösten, bis er duftet. Den Zucker dazugeben und alles zusammen in einen tiefen Teller umfüllen. Die fertig gegarten Knödel im Mohnzucker wälzen.

**Karamellsoße:** Zucker und Butter in einem Topf bernsteinfarbig karamellisieren lassen, die Sahne dazugießen und etwas einkochen.

**Weiße Schokoladencreme:** Die Gelatineblätter in kaltem Wasser einweichen. Kuvertüre, Milch und Sahne in einem Topf schmelzen lassen. Eigelbe dazugeben und die Masse unter ständigem Rühren auf ca. 85 Grad erhitzen, bis sie gut bindet. Die ausgedrückte Gelatine darin auflösen. Die Masse in eine Schüssel umfüllen, mit Zucker abschmecken und im Kühlschrank anziehen lassen.

**Thymian-Minz-Pesto:** Alle Zutaten zusammen in einem Mixer fein pürieren und abschmecken.

**Mandelbrösel:** Die Butter schmelzen lassen. Zusammen mit den anderen Zutaten vermengen und Brösel herstellen. Im vorgeheizten Backofen bei 160 Grad goldgelb backen.

**Anrichten:**
Mandelbrösel auf einem Teller anrichten. Etwas Karamell darüberträufeln. Himbeerknödel auf die Brösel legen. Von der weißen Schokoladencreme Nocken abstechen und dazusetzen. Mit Pesto und Himbeersoße garnieren. Eventuell noch mit Himbeeren dekorieren.

# Zwetschgen-Serviettenknödel mit Vanille-Eierlikörsoße

### Zwetschgen-Serviettenknödel:

200 g Zwetschgen, gefroren
etwas Kaltsaftbinder
4 EL Zucker, gehäuft
1 Messerspitze Vanillemark

300 g Brioche
100 g Semmeln
30 g zerlassene Butter
3 TL Semmelbrösel, gehäuft
1 PK Vanillezucker
1 Ei
1 Eigelb
2 EL Rum
1 TL Zitronenabrieb
50 g Quark
½ TL Zimt
60 g Speisequark

### Vanillesoße:

siehe Seite 150
plus 1 Schuss Eierlikör

**Zwetschgen-Serviettenknödel:** Die Zwetschgen in einem Sieb über einer Schüssel auftauen. Den dabei austretenden Zwetschgensaft auffangen, mit Kaltsaftbinder eindicken, mit Zucker und einer Messerspitze Vanillemark abschmecken. Die aufgetauten Zwetschgen klein schneiden.

Für den Knödel Brioche sowie Semmeln in Würfel schneiden und in einer Pfanne mit der zerlassenen Butter anrösten. In eine Schüssel umfüllen, die restlichen Zutaten und die kleingeschnittenen Zwetschgen zugeben. Alles zu einer homogenen Masse verarbeiten und 1 Stunde im Kühlschrank ziehen lassen. Wasser in einem Topf aufkochen. Den Teig mit feuchten Händen in eine längliche Form bringen und in ein Leinentuch einschlagen. Die beiden Enden gut mit einem Bindfaden verschnüren. Vorsichtig in den Topf mit dem heißen Wasser legen und ca. 40 Minuten sieden lassen. Den Knödel aus dem Wasser nehmen, das Tuch entfernen und auf einem Brett in 2 cm dicke Scheiben schneiden. Knödelscheiben auf einen Teller setzen, die Eierlikör-Vanillesoße angießen und mit dem angedickten Zwetschgensaft beträufeln.

# Zwetschgenknödel mit Holunderparfait, Zwetschgenragout und Rosmarinmarzipan

Diese Knödel gehören zu unseren absoluten Lieblingsknödeln. Sie werden nicht mit einem Kartoffelteig sondern mit einem Mascarponeteig zubereitet. Statt mit einem Stück Würfelzucker werden die Zwetschgen mit Marzipan gefüllt. Apropos Marzipan – besonders gut zu Zwetschgen passt Rosmarin. Deshalb gibt es eine Art „Rosmarinmazipan" zu den Knödeln (das Grüne auf dem Foto). Lecker! Da der Geschmack von Holunderbeeren ebenfalls hervorragend zu Zwetschgen passt, ist ein Holunderbeerenparfait Bestandteil des Gerichts – als Frischekomponente. Um das Knödelglück zu vollenden, empfehlen wir noch ein Zwetschgenragout, das auf geschmorten Zwetschgen basiert, verfeinert mit einer Rotwein-Portweinsoße, karamellisierten Walnüssen und Krokant. Zugegeben, schon etwas Arbeit, aber jede Minute lohnt sich, denn das ist Knödellust pur – guten Appetit.

## Sie brauchen dazu:

### Knödelfüllung:

4–5 Zwetschgen
etwas Zucker
ca. 50 g Marzipan

### Zwetschgenknödelteig:

20 g Butter, weich
1 Ei
1 Eigelb
35 g Zucker
100 g Mascarpone
½ Zitrone, Abrieb
etwas Vanillemark
80 g Knödelbrot, trocken
1 EL Semmelbrösel
(Zutaten für ca. 4 Knödel)

150 g Butter-Spekulatiuskekse

**Knödelfüllung:** Zwetschgen so aufschneiden, dass die Hälften noch aneinander hängen. Den Kern entfernen. Zwetschgen auseinanderklappen, die Innenseiten zuckern und mit etwas Marzipan füllen. Die Zwetschgen wieder zusammenklappen.

**Zwetschgenknödelteig:** Weiche Butter, Ei, Eigelb und Zucker in einer Schüssel schaumig aufschlagen. Mascarpone, Zitronenabrieb und Vanillemark dazugeben und gut vermischen. Knödelbrot und Semmelbrösel unterheben. Teig abschmecken und für 1 Stunde kühl stellen.
Von der Masse Teig abstechen und Knödel formen. Knödel flach drücken und jeweils eine gefüllte Zwetschge darauflegen, Teig rundherum hochziehen und verschließen. Knödel im gesalzenen Zuckerwasser gar ziehen lassen, herausnehmen, abtropfen lassen und in geriebenen, gehackten oder pürierten Spekulatiusbröseln wälzen.

### Zwetschgenragout:

500 g Zwetschgen, geviertelt
20 g Zucker
1 TL Zimt
10 g Butter, weich
2 Lorbeerblätter
½ Zitrone, Abrieb
1 EL Rum
2 EL Creme de Cassis
Vanillestange, Mark

**Rotwein-Portweinsoße:**

25 g Zucker
100 ml Rotwein
100 ml Portwein
100 ml Orangensaft
50 ml Holunderbeerensaft
100 ml Creme de Cassis
1 Stück Schale einer Orange
1 Nelke
3 Kardamomkapseln
2 Kugeln Piment
2 Zacken Sternanis
1 TL Stärke

Zucker, Zimt

150 g Walnüsse, etwas Zucker

### Rosmarinmarzipan:

8 g Rosmarin
3 g Minze
3 g Zitronenverbene
oder Zitronenabrieb
100 ml Sahne
1 EL Joghurt
80 g Marzipan
15 g Puderzucker
40 g Honigmelone

### Walnuss-Mandel-Krokant:

30 g Walnüsse
30 g Mandeln
60 g Zucker
1 EL Orangensaft
1 EL Ahornsirup

**Zwetschgenragout:** Zuerst werden die geschmorten Zwetschgen zubereitet. Dazu eine passende Auflaufform mit Butter auspinseln. Zwetschgen nebeneinander, mit der Schalenseite nach unten, in die Form legen, mit Zucker und Zimt bestreuen, 10 Minuten ziehen lassen. Lorbeerblätter klein hacken und über die Zwetschgen verteilen. Zitronenabrieb, Rum und Cassis darüberträufeln. Mit Vanillemark würzen. Auflaufform in den vorgeheizten Backofen stellen und bei 180 Grad ca. 30 Minuten schmoren.

**Rotwein-Portweinsoße:** Während die Zwetschgen im Ofen sind, kann man die Rotwein-Portweinsoße zubereiten.
Dazu Zucker in einem Topf karamellisieren lassen. Alle anderen Zutaten hinzufügen, aufkochen und die Flüssigkeit um ein Drittel einkochen. Gewürze entfernen und die Soße mit Stärke binden. Die geschmorten Zwetschgen aus dem Ofen holen, in eine Schüssel füllen und mit der Rotwein-Portweinsoße übergießen. Mit Zucker und Zimt abschmecken.

**Walnüsse** in einer Pfanne ohne Fett bei mittlerer Hitze langsam rösten, mit etwas Zucker bestreuen, karamellisieren lassen und beim Anrichten über die Zwetschgen streuen.

**Rosmarinmarzipan:** Rosmarin, Minze, Zitronenverbene (oder Zitronenabrieb), Sahne und Joghurt zusammen mit Marzipan, Puderzucker und Melone in einem Mixer fein pürieren.

**Walnuss-Mandel-Krokant:** Die Walnüsse und Mandeln klein hacken und ohne Fett leicht anrösten. Zucker in einem Topf karamellisieren lassen. Mit Orangensaft und Ahornsirup ablöschen und den Karamell unter Rühren aufkochen. Nüsse dazugeben und ca. 1 Minute mitziehen lassen, alles gut vermengen. Die heiße Masse auf einem Backpapier verstreichen, ein zweites Backpapier darüberlegen und mit einem Nudelholz dünn ausrollen. Abkühlen lassen und das Backpapier abziehen.

## Holunderbeerenparfait:

200 ml Holunderbeerensaft
120 g Zucker
120 g Himbeeren
½ Limette, Abrieb
250 ml Sahne
250 g Quark

## Mascarponecreme:

60 g Mascarpone
5 g Puderzucker
etwas Vanillemark
etwas Milch
1–2 EL Rotwein-Portweinsoße

**Holunderbeerenparfait:** Holunderbeerensaft und Zucker in einem Topf aufkochen. Die Himbeeren dazugeben. Den Holunderbeeren-Himbeersaft um ein Drittel einkochen und durch ein Sieb abseihen – etwas abkühlen lassen. Mit Limettenabrieb, Sahne und Quark verrühren. Die Parfaitmasse in kleine Förmchen füllen und über Nacht im Gefrierfach fest werden lassen.

**Mascarponecreme:** Alle Zutaten zu einer Soße verrühren. Die Hälfte davon in eine zweite Schüssel geben und mit 1–2 EL Rotwein-Portweinsoße vermischen. So erhält man eine zweite Mascarponecreme-Variante.

**Anrichten:**
Zwetschgenragout auf einen Teller anrichten, mit Walnüssen bestreuen, Knödel dazulegen und rundum die zwei Mascarponecremes und das Rosmarin-Marzipan verteilen. Walnuss-Mandel-Krokant und Holunderbeerenparfait dazusetzen.

# Mascarpone-Klößchen in einer Zwetschgensuppe mit Sauerrahmdip

In Anlehnung an fränkische Mehlklöße haben wir uns eine leckere, süße Variante überlegt. Zum Knödelteig kommen noch Mascarpone und etwas Zitrone. Gerollt werden die kleinen Knödel in Zimtbröseln. Perfekt dazu passt eine Zwetschgensuppe. Darin ist alles enthalten, was Zwetschgen lieben: Rotwein, Portwein, Orangensaft und vieles mehr, zusammen verkocht zu einem aromatischen Süppchen. Ein wunderbares Herbstdessert.

## Sie brauchen dazu:

### Mascarponeknödelteig:

200 g Mehl
250 g Mascarpone
2 Eier
30 g Butter
2 PK Vanillezucker, 40 g Zucker
1 Prise Backpulver
etwas Zitronenabrieb
ca. 12 gehäufte EL Semmelbrösel
(Zutaten für ca. 15 kleine Knödel)

### Zimtbrösel:

30 g Butter
60 g Zucker
2 TL Zimt
100 g Semmelbrösel
Zitronenabrieb

### Zwetschgensuppe:

600 g Zwetschgen
(die Kerne aufbewahren)
80 g Zucker
300 ml Orangensaft
150 ml Rotwein
150 ml roter Portwein
1 Zimtstange
2 Zacken Sternanis
1 Nelke
2 PK Vanillezucker
200 ml Wasser
2 EL Zucker
1 Zweig Rosmarin
Sauerrahm, Puderzucker

**Mascarpone-Mehlklöße:** Mehl mit Mascarpone, Eiern, Butter, Zucker, Backpulver, Zitronenabrieb und Semmelbrösel vermengen. Die abgedeckte Knödelmasse eine Stunde kühl stellen. Danach Teig abstechen, Knödel formen und in Zuckerwasser gar ziehen lassen. Sobald die Knödel an die Wasseroberfläche steigen, sind sie fertig. Die Knödel abtropfen lassen und in Zimtbröseln wälzen.

**Zimtbrösel:** Die Butter in einer Pfanne aufschäumen, Zucker, Zimt, Semmelbrösel und Zitronenabrieb untermischen und bei mittlerer Hitze goldgelb rösten.

**Zwetschgensuppe:** Die Zwetschgen entsteinen, klein schneiden, in eine Schüssel füllen, mit dem Zucker vermengen und ca. 10 Minuten ziehen lassen. Orangensaft, Rotwein, Portwein, Gewürze inkl. Vanillezucker in einem Topf aufkochen. Die Zwetschgen inkl. ausgetretenem Saft und Zuckerresten ebenfalls in den Topf geben und etwa 30 Minuten köcheln lassen. Parallel dazu die Zwetschgenkerne mit 2 Esslöffeln Zucker im Wasser 10 Minuten leicht köcheln lassen. Die Flüssigkeit zur Zwetschgensuppe schütten. Die Kerne entsorgen. Nach ca. 30 Minuten die Gewürze entfernen und den Sud pürieren. Die Suppe in einen Topf füllen und den Rosmarinzweig hineinlegen und damit aromatisieren.

**Anrichten:**
Suppe in einen tiefen Teller füllen. Knödel anrichten, mit etwas Sauerrahm, vermischt mit Puderzucker, dekorativ rund um die Knödel nappieren.

# Vanilleknödel mit gratinierten Pfirsichen und Lavendeleis

Diese Knödelkreation hat wirklich das Zeug zum süßen Lieblingsknödel. Das feine Vanillearoma, der Geschmack von gerösteten Mandeln, die Fruchtigkeit der vollreifen, durchgezogenen Pfirische in ihrem Sud, dazu frische Himbeeren, alles zusammen überbacken mit einer Weißwein- oder Proseccozabaione – ein Traum! Dazu servieren wir Ihnen ein Lavendeleis, das perfekt zu den Pfirsichen und zur Vanille passt. Was will man mehr? Vielleicht gleich noch eine zweite Portion? So ist es uns jedenfalls ergangen. Das ist Knödellust pur und Knödelliebe, die vielleicht ein Leben lang hält. Lassen Sie es sich schmecken.

## Sie brauchen dazu:

### Vanilleknödel:

1 Ei
1 Eigelb
5 PK Vanillezucker
1 Vanilleschote, Mark
30 g Butter
½ Limette, Saft, Abrieb
150 g Mascarpone
320 g Milchbrötchen
(Zutaten für ca. 5 Knödel)

### Pfirsichpüree:

250 g geschälte und klein geschnittene Weinbergpfirsiche
150 g Süßwein (Asialaden)
3 EL Pfirsichlikör
300 ml Pfirsichsaft
1 Prise Salz
15 g Zucker
50 ml Wasser
etwas frische oder getrocknete Lavendelblüten

**Vanilleknödel:** Ei, Eigelb, Vanillezucker, Vanillemark und weiche Butter in einer Schüssel schaumig aufschlagen. Limettensaft, -abrieb und Mascarpone gut untermischen. Mit den klein geschnittenen Milchbrötchen zu einem homogenen Teig verketen. Knödelmasse mindestens 1 Stunde oder besser über Nacht im Kühlschrank durchziehen lassen. Teig abstechen und zu Knödel formen. In gesalzenem Zuckerwasser gar ziehen lassen. Die Knödel aus dem Wasser nehmen, abtropfen und in den Mandelbröseln (siehe Seite 140) wälzen.

**Pfirsichpüree:** Geschälte und klein geschnittene Pfirsiche zusammen mit Süßwein, Pfirsichlikör, Pfirsichsaft und Salz in einem Mixer fein pürieren. Zucker und Wasser in einem Topf solange köcheln, bis ein heller Karamell entsteht. Jetzt das Pfirsichpüree zusammen mit dem Karamell aufkochen lassen und warten, bis sich der Karamell gelöst hat. Pfirsichsud abkühlen lassen und die Lavendelblüten unterrühren.

### Eingelegte Pfirsiche:
3–4 Pfirsiche
Pfirsichpüree (siehe Vorderseite)

### Mandelbrösel:
100 g Mandelblättchen

### Lavendeleis oder Lavendelparfait:
250 g Heidelbeeren
400 ml Milch
2 PK Vanillezucker
50 g Zucker
250 g Ricotta
½–1 Limette, Abrieb
4–5 EL Lavendelsirup

### Zabaione:
3 Eigelbe
80 ml Prosecco oder Weißwein
50 g Zucker

### Zusätzlich:
100 g Himbeeren
Puderzucker
Minzblätter
geröstete Mandelblättchen

**Eingelegte Pfirsiche:** Pfirsiche schälen, teilen, entkernen und achteln. Die Pfirsichstücke in das Pfirsichpüree legen, abdecken und im Kühlschrank durchziehen lassen.

**Mandelbrösel:** Die Mandelblättchen ohne Fett in einer Pfanne hellbraun rösten. Zwei Drittel davon in einem Mixer fein mahlen. Die gegarten Knödel in diesen Mandelbröseln wälzen. Restliche Mandeln zum Dekorieren des Tellers nutzen.

**Lavendeleis:** Die Heidelbeeren pürieren und durch ein Sieb streichen. Das Heidelbeermark zur Seite stellen. Milch, beide Zuckersorten und Ricotta in einer Schüssel gut verrühren, bis sich der Zucker auflöst. Jetzt Heidelbeermark, Limettenabrieb und Lavendelsirup unterrühren und in einer Eismaschine zu einem cremigen Eis rühren. Alternativ in ein passendes Gefäß umfüllen, über Nacht im Gefrierfach fest werden lassen und aufgeschnitten servieren.

**Zabaione:** Eigelbe mit Sekt oder Weißwein und Zucker in einer Schüssel über einem heißen Wasserbad aufschlagen bis eine dickflüssige Creme entsteht.

**Überbacken:** Backofen auf 180 Grad vorheizen.
Die eingelegten Pfirsichstücke jeweils in tiefe Teller füllen. Zwischen die Pfirisichstücke Himbeeren setzen. Mit Pfirsichpüree auffüllen und gut mit Zabaione bedecken. In den Ofen stellen und überbacken, bis die Zabaione leicht hellbraun ist. Herausnehmen und mit Himbeeren, Minzblättern und den gerösteten Mandelblättchen dekorieren. Vanilleknödel in die Mitte des Tellers setzen.
Mit Puderzucker bestäuben.
Noch heiß servieren.
In einer separaten Schale Lavendeleis dazureichen.

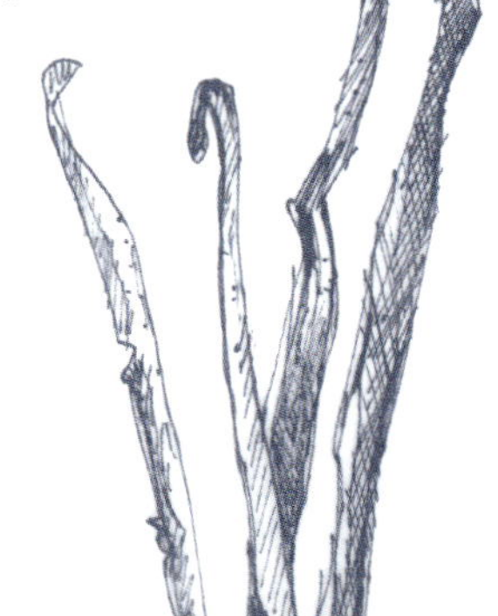

# Marillenknödel mit Kartoffel- oder Quarkteig

### Quarkteig:
1 Ei
20 g Zucker
70 g Butter
120 g Mehl
120 g Weizengrieß, fein
250 g Quark
3 PK Vanillezucker
1 TL Zitronenabrieb
1 Prise Salz
(Zutaten für ca. 6 Knödel)

### Kartoffelteig:
400 g Kartoffeln
2 Eigelbe
80 g Hartweizengrieß
100 g Mehl
20 g Zucker
1 Prise Salz

### Füllung:
6 reife Marillen
Zuckerwürfel
Marillenlikör

### Marillensoße:
8 Marillen
½ Zitrone, Saft
2 Orange, Saft
8 EL Marillenlikör
50 g Zucker,
6 EL Joghurt

### Semmelbrösel:
70 g Semmelbrösel zusammen mit 1 EL Zucker und 1 EL Butter in einer Pfanne goldgelb rösten

**Quarkteig:** Ei, Zucker und Butter in einer Schüssel schaumig rühren. Mehl, Grieß, Quark, Vanillezucker, Zitronenabrieb und Salz dazugeben und gut vermengen. Masse 1 Stunde kalt stellen. Ködelteig abstechen, flach drücken und mit je einer Marille füllen. Teig verschließen. In gezuckertem Salzwasser gar ziehen lassen, aus dem Wasser nehmen und die Knödel in den Semmelbröseln wälzen.

**Kartoffelteig:** Kartoffeln in Alufolie bei 200 Grad ca. 1 Stunde im Backofen garen. Schälen und abkühlen lassen. Durch eine Kartoffelpresse drücken, mit Eigelben, Hartweizengrieß und Mehl vermengen. Mit Salz und Zucker würzen. Masse zu Knödeln formen, flach drücken und mit den vorbereiteten Marillen füllen. Teig über die Marillen ziehen und verschließen. Im gezuckerten Salzwasser gar ziehen lassen, abtropfen und die Knödel in den Semmelbröseln wälzen.

**Füllung:** Die Marillen bis zur Hälfte einschneiden und entkernen. Jeweils mit einem in Marillenlikör getränkten Zuckerwürfel füllen und in die Knödel geben.

**Marillensoße:**
Alle Zutaten in einem Mixer fein pürieren.

# Maronenknödel mit Früchten, Schokosoße, Minzcreme und Rotwein-Preiselbeeren

Geradezu sündhaft lecker schmecken diese Maronenknödel. Sie kommen ohne den üblichen Kartoffelteig aus, dafür umschmeichelt ein feiner Mascarponeteig die leckere Füllung. Die Haselnussbrösel werden mit Zimt aromatisiert und passen so perfekt zum Knödel. Zur Schokosoße gesellt sich ein Schuss Rum, der das Sößchen enorm aufwertet und zur Gaumenfreude wird. Als fruchtige Komponenten kommen eine Minzcreme, Rotweinpreiselbeeren und eingelegte Früchte zu den Knödeln. Machen Sie zur Sicherheit ein paar Knödel mehr. Im Rezept sind das schon 12 Stück, denn davon bleiben meistens keine übrig – Suchtgefahr inklusive – auch im kalten Zustand! Das ist Knödellust pur.

## Sie brauchen dazu:

### Maronenfüllung:

80 g Mandeln
150 g Maronenmus
15 g Zucker
1 TL Rum
1 PK Vanillezucker
30 g Marillenmarmelade
25 g braune Butter
(siehe Seite 57)

### Knödelteig:

300 g Toastbrot,
ohne Rinde, vom Vortag
200 g Mascarpone
2 Eier
2 PK Vanillezucker
2 EL Zucker
(ergibt ca. 12 Knödel)

**Maronenfüllung:** Die Mandeln klein hacken und in einer Pfanne ohne Fett bei mittlerer Hitze rösten. Danach in einen Mixer geben und fein mahlen. Dieses Mandelmehl mit dem Maronenmus und den anderen Zutaten vermengen und gut verrühren.
Die Masse in 3 cm-Silikonhalbkugelformen füllen und im Tiefkühlfach gefrieren lassen.

**Knödelteig:** Toastbrot klein schneiden, in einer Schüssel mit Mascarpone, Eiern, Vanillezucker sowie Zucker vermengen und zu einem homogenen Teig verarbeiten. Teig für mindestens 1 Stunde kalt stellen. Von der Masse Teig abstechen und zu Knödeln formen. Knödel flach drücken. Maronenhalbkugeln aus dem Tiefkühlfach nehmen und immer zwei Halbkugeln zu einer ganzen Kugel zusammensetzen. Jeweils eine Kugel auf den flach gedrückten Knödelteig legen, mit Teig umhüllen, verschließen und zu schönen Knödeln formen.
Knödel im gesalzenen Zuckerwasser gar ziehen lassen, aus dem Wasser nehmen und in Nuss-Zimt-Bröseln (siehe Seite 144) wälzen.

**Nuss-Zimt-Brösel:**
100 g ganze, geschälte Haselnüsse
1 EL Zimt
20 g Butter
2 EL Zucker

**Minzcreme:**
5 EL Joghurt
2 EL Zucker
15 g Minzblätter
etwas Limettensaft
etwas Kaltsaftbinder

**Schokoladensoße:**
150 g Zartbitterkuvertüre
200 ml Sahne
1 ½ EL Zucker
1 Schuss Rum

**Rotweinpreiselbeeren:**
2 EL Wildpreiselbeermarmelade
6 EL Rotwein

**Eingelegte Früchte:**
1 Birne, 1 Pflaume
1 Pfirsich
200 ml Orangensaft
1 EL Zucker
etwas Limettensaft und -abrieb

**Nuss-Zimt-Brösel:** Haselnüsse in einem Mixer grob mahlen. Das Haselnussmehl zusammen mit Zimt, Butter und Zucker in einer Pfanne langsam rösten. Aus der Pfanne nehmen und in einen tiefen Teller umfüllen.

**Minzcreme:** Alle Zutaten in einem Mixer fein pürieren. Etwas Kaltsaftbinder dazugeben, damit die Flüssigkeit eine cremige Konsistenz bekommt.

**Schokoladensoße:** Die Schokolade zusammen mit der Sahne in einem Topf langsam schmelzen lassen und gut verrühren. Mit Zucker und Rum abschmecken.

**Rotweinpreiselbeeren:** Die Wildpreiselbeer-marmelade mit Rotwein gut vermischen.

**Eingelegte Früchte:** Birne, Pflaume und Pfirsich klein schneiden und in eine Schüssel füllen. Mit Orangensaft, Zucker, Limettensaft und -abrieb vermengen und durchziehen lassen.

**Anrichten:**
Wer mag, kann mit einem Konditorpinsel Schokosoße auf den Teller spritzen. Knödel mit Früchten, Minzcreme und Rotweinpreiselbeeren anrichten.

# Unsere Christstollenknödel

**Knödelteig:**
200 g Christstollen
200 g Milchbrötchen
1 Ei
80 g Mascarpone
1 EL Rum
1 PK Vanillezucker
½ Orange
25 g Zartbitterschokolade
(ergibt ca. 5–6 Knödel)

**Rumbrösel:**
80 g Semmelbrösel
30 g Zucker
30 g Butter
3–4 EL Rum

**Mandarinenragout:**
6 Mandarinen
1 Zitrone,
davon Saft einer ½ Zitrone,
Abrieb oder Zesten
der ganzen Zitrone
etwas Minze
1 Orange, Saft,
Abrieb oder Zesten der Orange
etwas Zucker

Drei Mandarinen schälen und Saft auspressen. Zusammen mit Zitronen-, Orangensaft, Zesten und Minze verrühren. Die restlichen Mandarinen schälen. Die Spalten der restlichen drei Mandarinen zum Mandarinensaft geben. Mit Zucker abschmecken.

**Knödelteig:** Stollen und Milchbrötchen klein schneiden und in eine Schüssel füllen. Mit Ei, Mascarpone, Rum und Zucker gut vermengen. Die Schokolade in kleine Stückchen hacken und zum Teig geben. Alles gut vermischen und zu einer homogenen Masse verarbeiten. Für 2 Stunden in den Kühlschrank stellen. Von der Masse Teig abstechen und zu Knödeln formen. Entweder im vorgeheizten Dampfbackofen bei 90 Grad oder im vorgeheizten Backofen bei 100 Grad garen. Dazu eine Schale mit kochendem Wasser in den Backofen stellen, die Knödel auf ein mit Backpapier belegtes Backblech legen und ca. 20–25 Minuten dämpfen.

**Rumbrösel:** Semmelbrösel, Zucker und Butter in einer Pfanne bei mittlerer Hitze goldbraun rösten. Die Brösel in einem tiefen Teller mit Rum aromatisieren. Die fertigen Knödel in den Bröseln wälzen. Mit Vanille- und/oder Schokosoße (siehe Seite 128/144) und Mandarinenragout anrichten.

# Mandel-Briocheknödel mit Kürbis-Mandarinenragout

KNÖDEL LUST
›süß‹

Die Kombination aus Kürbis und Mandarinen wirkt nur auf den ersten Blick ungewöhnlich, ergänzen sich die doch etwas stumpferen Aromen des Kürbisses wunderbar mit der Fruchtigkeit der Mandarinen. Die Knödel passen in ihrer feinen Aromatik perfekt dazu. Etwas Vanille, Tonkabohne, Marzipan und die langsam gerösteten Mandelstückchen verleihen ihnen einen besonderen Geschmack. Butterbrioche gibt den letzten Schliff und macht diese Knödel zur echten Gaumenfreude. Das ist eine Kombination, die Lust auf mehr macht. Guten Appetit.

## Sie brauchen dazu:

### Knödelteig:

2 Eigelbe
2 PK Vanillezucker
30 g Zucker
30 g Butter, flüssig
50 g Marzipan
100 g Quark, ausgedrückt
¼ Tonkabohne, gerieben
½ Limette, Abrieb
150 g Brioche, angetrocknet
ggf. Semmelbrösel
(Zutaten für ca. 5 Knödel)

### Mandelhülle:

80 g Mandeln, klein gehackt

### Kürbis-Mandarinenragout:

ca. 10 Mandarinen
200 g klein geschnittene Kürbiswürfel (Hokkaido)
300 ml Weißwein
60 g Zucker
1 Limette, Saft und Frucht
10 g Ingwer
1 Messerspitze Zimt
Zesten von Mandarine und Limette

**Knödelteig:** Eigelbe, Vanillezucker und Zucker in einer Schüssel cremig rühren. Flüssige Butter, Marzipan, Quark, Tonkabohne sowie Limette dazugeben und glatt rühren. Brioche klein schneiden, unterheben und zu einem homogenen Teig verarbeiten. Mindestens 1 Stunde kühl stellen. Falls der Teig nicht fest genug ist, etwas Semmelbrösel unterheben. Von der Masse Teig abstechen und zu Knödeln formen. In gesalzenem Zuckerwasser gar ziehen lassen. Die Knödel in den gehackten, gerösteten Mandeln wälzen.

**Mandelhülle:** Die Mandeln in einer Pfanne ohne Fett bei mittlerer Hitze leicht rösten.

**Kürbis-Mandarinenragout:** Von 2 Mandarinen und der Limette die Schale fein abschälen und in ganz feine Streifen schneiden (Zesten). 4 Mandarinen schälen, in ihre Spalten teilen und die weißen Fasern vom Fruchtfleisch entfernen. Mandarinenspalten zur Seite legen. Kürbiswürfel, Weißwein, Zucker, Limettensaft und -frucht in einen Topf füllen. Den Ingwer klein schneiden und mit dem Zimt ebenfalls in den Topf geben. Alles zusammen ca. 15 Minuten köcheln lassen. Die Flüssigkeit dabei auf die Hälfte einkochen. Die restlichen 6 Mandarinen auspressen und den Saft zu den Kürbiswürfeln in den Topf schütten. Wiederum auf die Hälfte der Flüssigkeit einkochen. Die Zesten hinzufügen und mitkochen lassen. Den Topf vom Herd nehmen, die Mandarinenspalten unterheben, gut durchschwenken und anrichten.

# Haselnussknödel mit Zimtwaffeln, Heidelbeercreme und Cranberrysoße

Eine Haselnuss-Nougatcreme bildet das Herzstück dieses Knödels. Ein feiner Ricottateig umschließt die Füllung, die als gekochte Knödel in Haselnusskrokant gewälzt werden. Das ist Haselnussgeschmack pur! Perfekt dazu passt eine Cranberrysoße und als geschmackliche Ergänzung eine fruchtige Heidelbeercreme. Für etwas Crunch sorgen Zimtwaffeln. Als Abrundung empfehlen wir ein süßes Salbeipesto und karamellisierte Apfel- und Birnenstückchen. Gerne noch ein kleines Schokosößchen zur Finalisierung dieser süßen Köstlichkeit. Guten Appetit.

## Sie brauchen dazu:

### Haselnussfüllung:

3 EL Haselnuss-Nougatcreme
6 EL Sahne

### Knödelteig:

150 g Toastbrot, ohne Rinde
25 g Butter
1 Ei
10 g Zucker
2 PK Vanillezucker
etwas Zitronenabrieb
100 g Ricotta
(ergibt ca. 6 Knödel)

### Haselnusskrokant:

150 g Haselnüsse, geschält
10 g Zucker

**Haselnussfüllung:** Die Haselnuss-Nougatcreme mit Sahne glatt rühren. In 3 cm-Silikonhalbkugelformen füllen und im Tiefkühlfach gefrieren lassen. Halbkugeln aus der Form drücken und jeweils zu einer ganzen Kugel zusammensetzen.

**Knödelteig:** Das Toastbrot in kleine Würfel schneiden. Die Butter in einem Topf erhitzen, bis sie nussig riecht. Ei, Zucker, Vanillezucker, Zitronenabrieb und den Ricotta in einer Schüssel aufschlagen und die Butter dazugeben. Mit den Toastbrotwürfeln zu einem homogenen Teig verarbeiten. Teig mindestens 1 Stunde lang kühl stellen. Von der Masse Teig abstechen und zu Kugeln formen. Flach drücken, je eine Haselnusskugel auf den Teig legen und die Knödel verschließen. Knödel in leicht gesalzenem Zuckerwasser gar ziehen lassen.

**Haselnusskrokant:** Die geschälten Haselnüsse sehr klein hacken, in einer Pfanne ohne Fett langsam, ca. 15 Minuten lang, rösten. Den Zucker nach der Hälfte der Zeit dazugeben und leicht karamellisieren lassen. Die Haselnüsse in einen tiefen Teller umfüllen. Die fertig gegarten Knödel im Haselnusskrokant wälzen.

### Süßes Salbeipesto:

10 g frische Salbeiblätter
20 g Mandeln
4 EL Süßwein (Asialaden)
3 EL Agavendicksaft
3 EL Sonnenblumenöl
2 g Ingwer
etwas Zitronensaft

### Karamellisierte Früchte:

1 Apfel, 1 Birne
50 g Zucker
100 ml Milch

### Heidelbeercreme:

250 g Heidelbeeren
4 Blätter Gelatine
80 g Zucker
2 PK Vanillezucker
100 ml Apfelsaft
etwas Zitronenabrieb und -saft
300 ml Quark

### Cranberrysoße:

120 g Cranberrys
50 ml Orangensaft
45 g Zucker
1 TL Rum

**Süßes Salbeipesto:** Alle Zutaten zusammen in einem Mixer pürieren.

**Karamellisierte Früchte:** Apfel und Birne schälen, in Spalten oder Würfel schneiden. Zucker und Milch in einem Topf einkochen und karamellisieren lassen. Äpfel und Birnen für ein paar Minuten hineinlegen und mit Karamell überziehen.

**Heidelbeercreme:** Die Heidelbeeren in einem Mixer fein pürieren und durch ein Sieb streichen. Gelatineblätter in kaltem Wasser einweichen. Zucker und Vanillezucker zusammen mit dem Apfelsaft aufkochen. Etwas abkühlen lassen und die ausgedrückte Gelatine darin auflösen. Quark, Heidelbeermark, Zitronensaft, -abrieb und Apfelsaft zusammen in einer Schüssel gut verrühren und mindestens 4 Stunden kalt stellen, damit die Creme anziehen kann.

**Cranberrysoße:** 100 g Cranberrys zusammen mit Orangensaft, Zucker und Rum in einem Topf köcheln lassen, bis die Früchte platzen. In einem Mixer fein pürieren und durch ein Sieb streichen. Zurück in den Topf füllen und die restlichen Cranberrys darin gar ziehen lassen.

### Zimtwaffeln:
60 g Butter, weich
25 g Puderzucker
1 PK Vanillezucker
1 Ei
125 g Mehl
0,5 PK Backpulver
150 ml Milch
2 EL Zimt
etwas flüssige Butter
Puderzucker zum Bestreuen

### Schokoladensoße:
150 g Zartbitterkuvertüre
200 ml Sahne
1 ½ EL Zucker
1 Schuss Rum

### Zusätzlich:
Puderzucker

**Zimtwaffeln:** Die weiche Butter, den Zucker, Vanillezucker und das Ei in einer Schüssel cremig verrühren. Mehl, Backpulver und Milch dazugeben. Den Waffelteig zu einem homogenen Teig verarbeiten. Zum Schluss die zwei Esslöffel Zimt unterrühren.

Das Waffeleisen erhitzen und mit flüssiger Butter ausstreichen. Jeweils eine Portion Teig hineinfüllen und goldbraun ausbacken. Die Waffeln herausnehmen, trennen und mit etwas Puderzucker bestreuen.

**Schokoladensoße:** Die Schokolade und die Sahne in einem Topf langsam erhitzen und schmelzen lassen. Zucker und Rum dazugeben und so lange rühren, bis sich die Schokolade aufgelöst hat und eine schöne gleichmäßige Soße entstanden ist.

**Anrichten:**
Etwas Cranberrysoße auf einen Teller streichen. Knödel und eine Waffel dazulegen. Eine Nocke Heidelbeercreme abstechen und anrichten. Die Schoko- und die Cranberrysoße dazugießen. Dazwischen Salbeipesto-Kleckse und karamellisierte Früchte verteilen und mit ein paar Cranberrys garnieren. Mit Puderzucker bestäuben und servieren. Die restlichen Waffeln separat dazureichen.

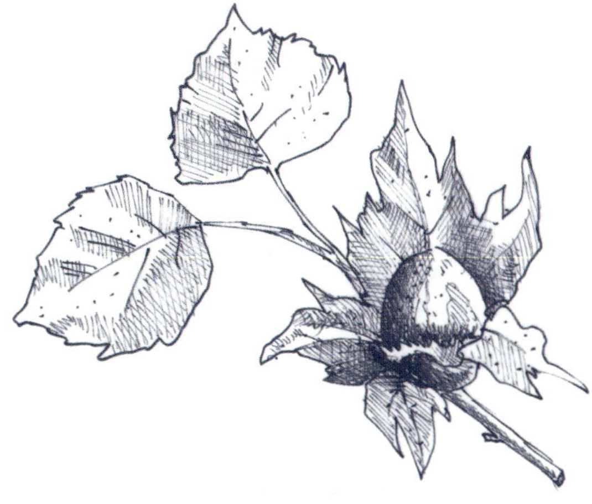

# Birnenknödel mit Rumeis, Kaffeezabaione und karamellisierten Walnüssen

Diese Kombination aus Birne, Rum, Portwein und Kaffeelikör bringt einem den Genießerhimmel ein Stück näher. Statt Knödelbrot und Milch als Basis kommen hier Ricotta und Butterbrioche zum Einsatz. Falls Sie keines bekommen, wäre ein guter Hefezopf eine Alternative. Die Birnen sollten reif und aromatisch sein. Was soll man zur Kaffeezabaione mit Portwein sagen? Einfach zum Hineinlegen! Alles zusammen – Knödelliebe, die vielleicht ein Leben lang hält.

## Sie brauchen dazu:

### Birnenknödel:

300 g reife, aromatische Williams-Christ-Birnen
15 g Zucker
½ Zitrone, Saft und Abrieb
200 g Lebkuchen ohne Glasur
400 g Brioche, getrocknet
100 g Ricotta
1 Ei
1 EL Rum
Biskuit- oder Semmelbrösel
(ergibt ca. 10 Knödel)

100 g Löffelbiskuit, gemahlen

### Kaffeezabaione:

3 Eigelbe
2 EL Portwein weiß
1 EL Kaffeelikör
1 EL Zucker, nach Geschmack

### Eingelegte Früchte:

1 EL Zucker, 2 EL Wasser
1 Orange, Saft und Zesten
1 Zitrone, Saft und Zesten
2 Birnen, Scheiben
2 Mandarinen, Spalten

50 g geschälte Walnüsse
1 EL Zucker

1 EL Wildpreiselbeeren mit 1 EL Portwein angemacht

**Birnenknödel:** Die Birnen schälen und in kleine Würfel schneiden. Mit Zucker und Zitronensaft marinieren. Lebkuchen und Brioche ebenfalls klein schneiden. Zusammen mit Ricotta, Ei, Rum, Zitronenabrieb in einer Schüssel zu einem homogenen Teig verarbeiten. Falls der Teig zu weich sein sollte, etwas Biskuit- oder Semmelbrösel untermischen. Den Teig mindestens 1 Stunde kalt stellen. Von der Masse Teig abstechen und zu Knödeln formen. Im Dampfbackofen bei 90 Grad ca. 25 Minuten garen. Alternativ im Backofen bei 100 Grad. Dazu in das Backrohr eine Schale mit kochendem Wasser stellen und ca. 30 Minuten dämpfen. Fertige Knödel in den gemahlenen Löffelbiskuits wälzen.

**Kaffeezabaione:** Die Eigelbe zusammen mit Portwein, Kaffeelikör und Zucker in einer Schüssel über einem heißen Wasserbad mit dem Handmixer aufschlagen, bis eine dickflüssige Creme entstanden ist.

**Eingelegte Früchte:** Zucker und Wasser aufkochen. Zitronen- und Orangensaft und deren Zesten hineingeben, mitköcheln lassen. Vom Herd nehmen, Mandarinen und Birnen und darin marinieren.

**Walnüsse** und Zucker in einer Pfanne bei mittlerer Hitze langsam rösten und karamellisieren.

Die **Wildpreiselbeeren** mit Portwein verrühren.

**Anrichten:**
Knödel auf einem Teller anrichten. Früchte, Preiselbeeren, Walnüsse und Zabaione dazugeben.

# Kaffeeknödel mit Whisky, Rumtopfeis, Früchten, Schoko-Bananensoße und Basilikum

Mögen Sie Kaffee? Falls ja, dann sind diese Knödel ein Muss! Mascarpone und ein Hefezopf bilden die leckere Knödelbasis. Dazu kommen Espresso und Whisky (Cognac ginge auch). Ein Esslöffel davon sollte mindestens sein. Vanille und Tonkabohne setzen das geschmackliche „i-Tüpfelchen". Gegart werden die Knödel in aromatisiertem Zucker-Kaffeewasser, danach werden sie in Zimtbröseln gewälzt. Wir finden, das sind Knödel zum Niederknien! Viel braucht's dazu eigentlich nicht mehr. Vanillezabaione würde schon genügen, meinte Sandra. Wir geben Ihnen einige Anregungen mit. Alles zusammen funktioniert wunderbar. Kaffeeknödel sind ein klarer Fall für echte Knödelliebe.
Warm und kalt ein Genuss. Wir wünschen Ihnen guten Appetit.

## Sie brauchen dazu:

### Kaffeeknödel:

30 g Butter
150 g Mascarpone
1 Ei
2 PK Vanillezucker
25 g Zucker
Tonkabohne, Abrieb
1–2 EL Whisky oder Cognac nach Geschmack
80 ml Espresso
400 g Hefezopf
ggf. Biskuit- o. Semmelbrösel
(etwa 6–7 Knödel)

**Knödelwasser:**

4 Espresso
1 Zimtstange
Whisky oder Cognac
Zucker, Salz

### Zimtbrösel:

100 g Semmelbrösel oder Pankomehl
1 EL Zimt
1 EL Zucker
30 g Butter

**Kaffeeknödel:** Flüssige Butter, Mascarpone, Ei, Vanillezucker, Zucker und Tonkabohnenabrieb zusammen in einer Schüssel aufschlagen. Whisky und Espresso unterrühren. 1 bis 2 Tage alten Hefezopf in kleine Stücke schneiden, dazugeben und zu einem homogenen Teig verarbeiten. Die Knödelmasse mindestens 1 Stunde kühl stellen. Falls der Teig zu weich sein sollte, etwas Biskuit- oder Semmelbrösel zur Knödelmasse geben. Teig abstechen und zu Knödeln formen.

Ins Knödelwasser kommen: 4 Espresso, 1 Zimtstange, Whisky oder Cognac, Zucker und Salz. Das Wasser sollte richtig süß und aromatisch schmecken. Die Knödel hineingeben und darin gar ziehen lassen.

**Zimtbrösel:** Semmelbrösel oder Pankomehl mit Zimt, Zucker und Butter in einer Pfanne bei mittlerer Hitze solange rösten bis die Brösel eine schöne goldbraune Farbe haben. Brösel in einen tiefen Teller füllen. Die gegarten Knödel darin wälzen.

## Rumtopf-Kokos-Eis:

**Karamellisierte Haselnüsse:**
40 g Haselnusskerne, geschält
15 g Zucker für die Haselnüsse

**Eismasse:**
100 g Ricotta
200 ml Kokosmilch
200 ml Sahne
50 g Puderzucker
200 ml Rumtopf-Flüssigkeit, alternativ Strohrum 80% nach Geschmack
etwas Vanille aus der Mühle

## Schoko-Bananensoße:

300 ml Kokosmilch
200 g Bananen, klein geschnitten
40 g Zucker
50 ml Wasser
20 g Zartbitterschokolade
etwas Zucker zum Nachsüßen

## Eingelegte Physalis:

250 ml Orangensaft
30 g Puderzucker
1 EL Kaffeelikör
100 g Physalisfrüchte

## Süße Basilikumsoße:

30 g Basilikumblätter
20 g geschälte Mandelkerne
30 ml Süßwein (Asialaden)
2 EL Kokosmilch
ca. 1 TL Zitronen- oder Limettensaft nach Geschmack
1 EL neutrales Öl wie Sonnenblumen- oder Traubenkernöl
etwas Akazienhonig

**Rumtopf-Kokos-Eis:** Zuerst die geschälten Haselnüsse in kleine Stücke hacken. In einer Pfanne ohne Fett bei mittlerer Hitze ca. 15 Minuten lang rösten. Nach der Hälfte der Zeit den Zucker untermischen und die Temperatur erhöhen. Die Haselnüsse unter ständigem Rühren karamellisieren. Der Karamell sollte hell bleiben, da die Haselnüsse sonst bitter schmecken.

Jetzt das eigentliche Eis zubereiten.

Mit Ausnahme der Haselnüsse alle Eiszutaten in einer Schüssel gut vermengen. Masse in einer Eismaschine zu cremigem Eis verrühren. Sobald das Eis fertig ist, die Haselnüsse unterheben.
Alternativ ein Haselnussparfait herstellen. Dazu die Eismasse in einem Gefäß gefrieren lassen.
Die Haselnüsse unterrühren, sobald die Masse eine halbfeste Konsistenz erreicht hat. Das Parfait aufgeschnitten servieren.

**Schoko-Bananensoße:** Kokosmilch und Bananen in einem Topf 5 Minuten kochen lassen. Die Masse in einem Mixer fein pürieren. Zucker und Wasser in einem Topf solange kochen, bis ein heller, bernsteinfarbener Karamell entsteht. Das Kokos-Bananenpüree zum Karamell geben und köcheln, bis sich der Karamell gelöst hat. Die Masse vom Herd nehmen und etwas abkühlen lassen. Die Schokolade darin schmelzen und gut verrühren. Mit Zucker nach Geschmack süßen.

**Eingelegte Physalis**: Den Orangensaft und den Puderzucker in einem Topf aufkochen. Die Flüssigkeit auf die Hälfte reduzieren. Etwas abkühlen lassen und den Kaffeelikör untermischen. Früchte darin marinieren.

**Süße Basilikumsoße:** Die Basilikumblätter zusammen mit den anderen Zutaten in einem Mixer fein pürieren. Mit Akazienhonig abschmecken.

## Haselnussstangen:

1 Eigelb
1 EL Sahne
½ Blätterteigrolle
aus dem Kühlregal
25–30 g Haselnüsse, klein gehackt
15 g Zucker
etwas Mehl

## Vanillezabaione:

1 Vanilleschote, Mark
3 Eigelbe
2 PK Vanillezucker
100 ml Weißwein
50 g Zucker

## Zusätzlich:

Rumtopffrüchte
nach Geschmack
Etwas Himbeermark,
(siehe Seite 108)
mit Puderzucker gesüßt,
zur Deko

**Haselnussstangen:** Eigelb und Sahne in einer Tasse verrühren. Blätterteig auf einer mehlierten Fläche ausrollen. Die Hälfte des Blätterteigs mit der Ei-Milchmischung bestreichen. Darauf die halbe Menge der Nüsse und die des Zuckers streuen. Den nicht bestrichenen Blätterteig über den bestrichenen klappen und leicht andrücken. Wieder mit der Ei-Milchmischung bestreichen. Die restlichen Haselnüsse und den Zucker darüberstreuen. Backofen auf 200 Grad vorheizen. Auf ein Backblech Backpapier legen. Den Blätterteig in ca. 2 cm breite Streifen schneiden, auf dem Backpapier verteilen und etwa 10 Minuten im Ofen backen. Aus dem Ofen nehmen und abkühlen lassen.

**Vanillezabaione:** Alle Zutaten in einem Topf über einem sehr heißen Wasserbad mit dem Handmixer solange aufschlagen, bis eine dickflüssige Creme entsteht.

**Anrichten:**

Knödel auf einen Teller setzen. Eis, Rumtopffrüchte und eingelegte Physalis dazu anrichten. Mit den Soßen ausgarnieren. Haselnussstangen schräg auf die Knödel legen und die Vanillezabaione angießen.

# Lebkuchenknödel mit Erdnusscrumble, Mandarinen und Vanille-Zimt-Schaum

KNÖDEL LUST
>süß<

Diese Knödel passen hervorragend zur Vorweihnachtszeit. Die Aromen von Lebkuchen und süßen, eingelegten Mandarinen kommen hier zusammen. Erdnüsse und Haferflocken ergänzen den leckeren Teig und geben ihm eine besondere Note, Weihnachten ist nicht weit und deshalb gehören Vanille und Zimt natürlich dazu. Dieses Knödelgericht eignet sich wunderbar als Dessert oder auch als süße Hauptspeise.

## Sie brauchen dazu:

### Lebkuchenknödel:

350 g Brioche, 2 bis 3 Tage alt
1 Ei
1 PK Vanillezucker
60 g Quark
100 g weiße Schokolade
½ TL Limettenabrieb
1 Messerspitze Lebkuchengewürz
ggf. Semmelbrösel
(Zutaten für ca. 6 Knödel)

### Erdnusscrumble:

60 g Erdnüsse
60 g Haferflocken
60 g Butter
4 EL Rohrzucker, eine Prise Salz

### Eingelegte Mandarinen:

2 Mandarinen, Saft
1 Limette, Saft
1 EL Strohrum
1 EL Puderzucker
1 PK Vanillezucker
5 Mandarinen, Spalten
1 Mandrine, Zesten, fein geschnitten
1 EL Zucker, 4 EL Wasser

### Vanille-Zimt-Schaum:

300 ml Milch, 4 EL Sahne
2 PK Vanillezucker
1 Vanilleschote, Mark
Zimt nach Geschmack

**Lebkuchenknödel:** Brioche klein schneiden, zusammen mit Ei, Vanillezucker, Quark, klein gehackter Schokolade und den restlichen Zutaten zu einem homogenen Teig verarbeiten. Den Teig mindestens 1 Stunde kalt stellen. Eventuell noch Semmelbrösel unterheben, falls der Teig zu weich erscheint. Aus dem Teig Knödel formen und im gesalzenen Zuckerwasser gar ziehen lassen. Aus dem Wasser nehmen, etwas abtropfen lassen.

**Erdnusscrumble:** Alle Zutaten in einem Mixer klein hacken. Im vorgeheizten Backofen bei 180 Grad 10–15 Minuten hellbraun und knusprig rösten. Die gegarten Knödel darin wälzen.

**Eingelegte Mandarinen:** Den Mandarinensaft, Limettensaft, Rum, Zucker und Vanillezucker in einer Schüssel verrühren, bis sich der Zucker gelöst hat. Mandarinenspalten zugeben. Mandarinenzesten zusammen mit Wasser und Zucker in einem Topf ein paar Minuten aufkochen, bis sich der Zucker gelöst hat. Zesten aus dem Wasser nehmen und zum Mandarinensalat geben.

**Vanille-Zimt-Schaum:** Alle Zutaten zusammen aufkochen und mit einem Pürierstab aufmixen, bis die Milch richtig schäumt.

**Anrichten:**
Knödel auf einen Teller mit Mandarinensalat anrichten und mit Vanille-Zimtschaum übergießen.

# REGISTER